NO PASAR
LÍNEA DE POLICÍA

NO PASAR
LÍNEA DE POLICÍA

NO PASAR
LÍNEA DE POLICÍA

NO PASAR
LÍNEA DE POLICÍA

NO PASAR
LÍNEA DE POLICÍA

NO PASAR
LÍNEA DE POLICÍA

SAR
LICÍA

NO PASAR
LÍNEA DE POLICÍA

TRES CRIMENES REALES SIN RESOLVER

MARTHA CABALLERO

TRES CRIMENES REALES SIN RESOLVER

ALFAGUARA

Papel certificado por el Forest Stewardship Council®

Primera edición: septiembre de 2024
Segunda reimpresión: septiembre de 2024

© 2024, Martha Caballero Tejero
© 2024, Penguin Random House Grupo Editorial, S. A. U.
Travessera de Gràcia, 47-49. 08021 Barcelona
© 2024, Esther Villardón Grande, por la edición
© iStock, por las imágenes del interior

Printed in Spain – Impreso en España

ISBN: 978-84-19982-03-2
Depósito legal: B-10.367-2024

Compuesto en Punktokomo, S. L.
Impreso en Gómez Aparicio, S. L.
Casarrubuelos (Madrid)

AL 82032

Gracias a mi madre por, a pesar de todo, darme libertad. Sin ella esto no sería posible.
Gracias a Pedro por estar siempre ahí y a mi viajera favorita por apoyarme incondicionalmente.
Y gracias a mis leaders por abrirme un mundo de posibilidades.

ÍNDICE

INTRODUCCIÓN

Hola, y ¡¡¡bienvenidos a mi primer libro!!!

No me puedo creer que algunos de vosotros tengáis ya en vuestras manos esta obra, que he escrito con tantísimo amor y cariño. Así que, querido lector, gracias por esta oportunidad.

Si os soy sincera, este libro me ha supuesto todo un reto y me ha ayudado a cerrar y sanar muchas heridas abiertas. Una de las razones es que mi autoestima no está en su mejor momento, ya sabéis, la vida... Pero ya hablaremos de mi historia un poquito más adelante.

En este libro relataré tres brutales asesinatos ocurridos en España que todavía no han tenido justicia. Son casos en los que, después de una amplia investigación policial, se han establecido unos perfiles criminales muy concretos y que además concuerdan con personas cercanas a las víctimas. Estas personas han continuado con sus vidas como si nada y, a ojos de la justicia, son inocentes hasta que se demuestre lo contrario. Incluso en algunos de los casos, el principal sospechoso ya ha sido juzgado y encontrado no culpable del crimen.

Pero, antes de continuar, me gustaría aclarar algunas cosas. No soy criminóloga, tampoco periodista ni policía ni fiscal y, en definitiva, no soy una persona formada académicamente sobre este ámbito. Sin embargo, cuando era pequeña, estaba viendo un día las noticias del mediodía en la tele mientras comía antes de ir al colegio cuando la presentadora dio una noticia que aportaba nuevas informaciones del caso Alcàsser. Enseguida le pregunté a mi madre qué era eso del caso Alcàsser.

Ella se sentó conmigo y me dijo que lo que estaba a punto de contarme era algo completamente aterrador y a la vez del todo cierto. Añadió que cuando escuchara lo que había sucedido aquel noviembre de 1992 entendería por qué se preocupaba tanto cuando me iba sola de casa para hacer cualquier recado.

Voy a dar unas pinceladas de contexto aquí: mi madre siempre ha sido muy abierta conmigo. Nunca me ha ocultado nada con la excusa de «proteger a la niña». En aquella época yo tendría unos doce años y, aunque creo que es una edad en la que no es conveniente que te cuenten ciertas cosas, tampoco está de más que te informen de potenciales peligros.

Pero, además, en mi caso, nací dentro de la organización de los testigos de Jehová, en la que desde muy pequeño se te inculca que el mundo es un lugar malo y hostil. Por esa razón, que ella me contara el crimen de las niñas de Alcàsser era una forma de subrayar que el mal existe y no debe olvidarse. Además, me crie escuchando relatos bíblicos muy explícitos (fui testigo de Jehová durante veintitrés años). Hay que tener en cuenta que todo el Viejo Testamento relata cosas muy bestias en nombre de Dios (en el Nuevo es más benévolo), y estaba más que acostumbrada a ver cómo los hermanos de mi congregación leían con énfasis relatos bíblicos como el de Dina, hija de Jacob, el patriarca de Israel, quien fue violada por Siquem, hijo del príncipe de Canaán. Por suerte, ahora ninguna de las dos pertenecemos a dicha organización.

Justo antes de que ella empezara a contarme el suceso, me di cuenta de que los crímenes son un tabú. Son algo tan oscuro en nuestra sociedad que preferimos esconderlos. Los ocultamos tanto que incluso las familias de las víctimas se ven obligadas a callar ese vacío que deja un ser querido cuando es asesinado. Pero si no somos conscientes de lo que no se habla, es como si no existiera. Y, amiguitos, os tengo que decir que los asesinatos sí existen. Los asesinatos forman parte de nuestra sociedad, lo queramos o no. La realidad es que hay personas muy malas entre nosotros que harían todo lo posible para conseguir lo que quieren. Aunque también tengo clarísimo que todos y cada uno de nosotros en determinadas situaciones de la vida podemos llegar a matar. Y eso, además de ayudarnos a estar prevenidos, nos enseña mucho sobre nosotros. Porque ¿a que es cierto que caminas más rápido de lo normal cuando estás en un aparcamiento solitario?

Volvamos a Alcàsser. Mi madre comenzó a explicarme lo que sucedió.

El 13 de noviembre de 1992, tres niñas, **Míriam García Iborra**, **Desirée Hernández Folch**, ambas de catorce años, y **Antonia Gómez Rodríguez**, de quince, desaparecieron en Alcàsser, Valencia, tras hacer autostop para acudir a la discoteca Coolor, en Picassent.

Antes era muy común hacer autostop, sobre todo en pequeñas ciudades y pueblos. La gente era muy confiada porque las poblaciones eran como una gran familia donde todos se conocían y nunca sucedía nada. El panadero, el cartero y la frutera vigilaban a los niños para que estuvieran protegidos como si fueran sus propios hijos.

Las tres amigas fueron primero a ver a Esther, la cuarta adolescente que debía haber salido aquel día, pero como no se encontraba bien se quedó en casa, salvando así su vida. No sé si por el trauma o por el miedo, Esther nunca se ha explayado a la hora de describir cómo fue esa última visita de sus amigas.

La única certeza es que aquel día las niñas se dirigían a la discoteca Coolor. Antes de salir de casa, Míriam le preguntó a su padre, Fernando, si las podía acercar al lugar. El hombre había vuelto con fiebre del trabajo, se encontraba muy mal y le dijo a su hija que no podía. De esta decisión se arrepentiría el resto de su vida.

Las tres amigas estaban barajando más opciones de desplazamiento cuando se encontraron con Francisco José Hervás y su novia, Mariluz López García. Como esta pareja iba en coche, se ofrecieron a llevarlas hasta la discoteca, pero el Opel de color blanco se estropeó y tuvieron que parar en la estación de servicio de Marí, donde las chicas tuvieron que volver a hacer dedo para que algún alma caritativa las llevara a su destino.

Pero, como ya hemos dicho, la maldad existe, y ese 13 de noviembre se materializó en el que creo que es uno de los crímenes más macabros y repugnantes de la historia de España. Setenta y cinco días más tarde, con tres familias desconsoladas y todo el país en vilo, nos despertamos con la noticia de que las tres niñas de Alcàsser habían sido halladas en el paraje de La Romana, cerca de la presa de Tous, semienterradas.

Fueron dos apicultores de casi setenta años que caminaban por el borde del barranco de Tous quienes se encontraron con algo sospechoso. En un principio pensaron que sería un hombre muerto, puesto que se toparon con una fosa, de la que se podía ver parte de un brazo semienterrado con un reloj en la muñeca.

Llamaron de inmediato a la Guardia Civil, aunque en ningún momento vincularon aquel brazo con la desaparición de las tres niñas de Alcàsser.

No sería hasta la llegada del juez José Miguel Bolt cuando desenterraron el primer cuerpo y descubrieron que no era un hombre, sino una adolescente y que, además, debajo de ella había otros dos cuerpos envueltos en una moqueta. Estaban maniatados y apilados.

Presentaban un estado muy avanzado de descomposición, entre otras cosas por el tiempo transcurrido y porque estuvieron a la intemperie en un lugar muy árido y lleno de animales salvajes. Pero, a pesar de ello, en la escena del crimen se encontraron varios objetos personales como cinturones, botes de laca... y un papel que era ni más ni menos que un volante médico donde se podía leer bien claro el nombre de Enrique Anglés. A la Guardia Civil el nombre de Enrique no le era familiar, pero sí que lo era el de su hermano Antonio, de veintisiete años, quien era conocido por ser muy violento y por tener antecedentes de robo y tráfico de drogas.

Rápidamente, la Guardia Civil puso rumbo a la casa de la familia Anglés en Catarroja. En cuanto Antonio vio a los patrulleros, se escapó por una ventana.

Se desata entonces la huida de un criminal más increíble de la historia.

Sí, sí, como acabas de leer. Antonio Anglés se escapó por la ventana deslizándose por unas sábanas y corrió por los tejados. Esa misma noche llegó a Alborache y dos días después fue a una peluquería en Valencia para teñirse el pelo e intentar pasar algo más desapercibido.

En el mes de febrero, huyó hasta Benaguacil, donde ocupó un chalet vacío. En aquella zona encontraría a un agricultor, quien a punta de navaja lo llevaría hasta Minglanilla, en la provincia de Cuenca.

Acto seguido, robó una furgoneta y, según varios testigos, lo vieron cerca de Badajoz.

En marzo, ya habría alcanzado Portugal, y en el puerto se coló como polizón en un carguero llamado City of Plymouth, con dirección a Dublín. Fueron los propios marineros quienes lo encontraron y lo encerraron en el interior de uno de los camarotes de este barco. Ya en el puerto de Dublín y con los agentes de policía preparados para detener a este increíble fugitivo, descubrieron que Antonio no estaba en el barco.

Según otros polizones, logró escapar en un bote salvavidas hacia el golfo de Vizcaya, pero fue rescatado. De la fuga ya han transcurrido treinta y un años (y sumando) y nunca se ha logrado encontrar al prófugo. ¿Alguna vez descubriremos qué fue de él?

Un dato curioso: en 2012 participó en el concurso de talentos de televisión *Tú sí que vales* la hermana de Antonio Anglés, Kelly. Para ello, se cambió el nombre a Kelly Faces. Ofreció un espectáculo de baile y caracterización de diversos personajes como Madonna, Michael Jackson, Jim Carrey, Shakira o Elvis. En el jurado se encontraba Risto Mejide, muy enfadado por el espectáculo de la mujer, así como con el equipo de casting, que permitió que la actuación pasara a la siguiente fase. Kelly se defendió alegando que estaba en paro y que tenía que intentarlo.

Aparte de la inverosímil huida de la justicia de Antonio, este caso también se hizo conocido por el inicio de un circo mediático sin escrúpulos ni precedentes. El tranquilo pueblo de Alcàsser se convirtió en un plató de televisión, donde Nieves Herrero presentaba el programa *De tú a tú*, que se emitía en Antena 3. Fue en ese programa en el que se mostraron unas grabaciones de apenas unas horas antes del momento en el que las familias recibieron la terrible noticia del hallazgo de los cuerpos de las tres jóvenes violadas, mutiladas, torturadas y ejecutadas.

También se vio cómo Nieves Herrero daba paso a publicidad entre los llantos desconsolados de los familiares, vecinos y amigos de las víctimas. A la hora de preguntar, no se cortaba ni un pelo, y quiso ahondar en los detalles más truculentos, forzando el morbo y el sufrimiento de unos padres tan solo unas horas antes de descubrir que no volverían a ver a sus pequeñas.

Ese programa no fue el único, puesto que en Radio Televisión Española se emitía *Quién sabe dónde*, de Paco Lobatón, quien también dio los más escabrosos detalles del terrible crimen, aunque él no tuvo una audiencia tan alta porque se quedó sin la exclusiva de los familiares de las víctimas. Supongo que el equipo de Nieves fue más rápido.

Nieves Herrero nunca ha querido hablar del tema. Al ver en retrospectiva las imágenes de aquellos programas, te das cuenta de la barbaridad que se estaba cometiendo. Evidentemente, las cifras de audiencia fueron excepcionales, pero a costa de exponer el dolor más profundo.

Me gustaría saber qué pensaron los telespectadores. ¿Quizá fue una mezcla de morbo, vacío, tristeza, vergüenza y dolor? Cabe destacar que Paco Lobatón fue el único que dio la cara y se disculpó años más tarde por participar en aquel programa que solo se alimentaba del morbo.

En *De tú a tú*, se anunció en directo que ya había un detenido: Miguel Ricart, amigo del fugitivo, Antonio Anglés. El apodado el Rubio terminó confesando poco antes de la medianoche que Antonio y él fueron los responsables.

Sin embargo, días más tarde se retractó. Contó que esa noche tanto él como Antonio recogieron a las chicas con la promesa de acercarlas hasta la discoteca Coolor. Pero en realidad las llevaron hasta una caseta abandonada, ubicada a unos veinte kilómetros del barranco de la Romana. Las ataron a un poste de madera que había en el interior de la caseta y allí las violaron de una en una.

Miguel aseguró que solo había violado a Desirée.

Después de violarlas, les entró hambre y dejaron a las niñas solas y atadas mientras iban a un bar en Catadau, donde compraron unos bocadillos. Regresaron un poco más tarde y, según Miguel, fue el propio Antonio quien cavó una fosa a unos setecientos metros de la caseta. Sacaron a las tres niñas a punta de pistola y Antonio las ejecutó con un disparo certero en la cabeza de cada una.

El 5 de septiembre de 1997, la Audiencia Provincial de Valencia condenó a Miguel Ricart a una pena de ciento setenta años de prisión.

El 29 de noviembre de 2013 salió en libertad.

Nunca se ha podido juzgar a Antonio Anglés.

Mi madre también me contó que había multitud de teorías de la conspiración detrás de este caso (he de reconocer lo mucho que a mi madre le encantan las conspiraciones). Y ahí estaba yo, completamente traumatizada tras el relato del triple crimen y a la vez, por qué no decirlo, me invadió una inmensa curiosidad por saber más sobre él. Por eso, me obsesioné a partir de entonces. Estaba tan obsesionada con el crimen de Alcàsser que me puse a investigar (más bien a leer mucho sobre el caso) y, bajo mi punto de vista, descubrí los múltiples errores y hechos inexplicables subyacentes.

Los errores en el caso fueron los siguientes.

Primero, el lugar de los hechos:

- No se preservó la zona del hallazgo de los cuerpos.
- Se cambiaron de lugar y posición. No se fotografiaron los objetos encontrados alrededor ni los que había en el interior de la fosa, pese a que fueran de gran interés para la investigación. Otros objetos directamente desaparecieron.
- En la caseta de la Romana, donde supuestamente se perpetraron las violaciones y las torturas, no se encontró rastro alguno de la sangre de las víctimas.
- Los cadáveres no fueron protegidos en el traslado, que además fue en un vehículo no adecuado para ello.

En segundo lugar, las autopsias:

- Se introdujo en bolsas de plástico la ropa de las víctimas, que estaba llena de sangre y fluidos varios, además de estar empapada de agua. Esta acción provocó que se pudriera más todavía, perdiéndose así muchos indicios.

- No existen fotografías de los órganos internos de las víctimas.
- Los cuerpos de las víctimas se lavaron antes de extraer los indicios, eliminando así muchísimas pruebas.
- En una primera instancia, no se hizo un informe de identificación odontológica de las víctimas.
- No se efectuó análisis alguno de las larvas e insectos cadavéricos que se encontraron en los cuerpos.
- En la primera autopsia no se analizó el contenido del estómago.
- No se encontraron rastros de semen ni vello púbico ni de Miguel Ricart ni de Antonio Anglés.
- En los cuerpos de las víctimas se encontró vello púbico que podría pertenecer a entre cinco y siete personas diferentes y sin identificar.
- En el cadáver número 1, correspondiente a Antonia Gómez Rodríguez según el folio 813 de la sentencia, se encontró en el cráneo un orificio de entrada en la fosa temporal izquierda y otro de salida en el techo de la órbita derecha. Pero, previamente en el informe inicial, se podía leer que el cadáver número 1 contenía un proyectil alojado en el cráneo.
- El doctor Frontela, en la segunda autopsia, encontró una cruz de Caravaca alojada entre las vértebras lumbares tres y cuatro en el cuerpo de Desirée.

Hay muchísimas más contradicciones y cosas sin sentido en este caso, por no hablar de la inverosímil huida de Antonio Anglés.

En 2029 prescribirán los delitos por los que fue juzgado y condenado. De esta forma entendí que la Policía no es perfecta y comete muchos errores. Fui consciente de que incluso la sociedad a menudo culpa a las víctimas.

Algo que no se puede eludir es que prácticamente la mayoría de las víctimas de terribles asesinatos cometidos en nuestra sociedad son mujeres.

> Como **Nagore Laffage,** que fue asesinada la noche del 7 de julio de 2008 en Pamplona a manos de José Diego Yllanes Vizcay, médico de veintisiete años que cursaba el MIR en la Clínica Universidad de Navarra, ubicada en Pamplona, donde Nagore realizaba sus prácticas.

Precisamente porque ya se conocían, cuando Nagore y José Diego se encontraron durante los Sanfermines de 2008, comenzaron a charlar. Hubo química desde el primer momento y ambos acabaron en el piso de él. Empezaron a tener relaciones sexuales, pero Nagore no se sentía cómoda y decidió parar. Él quiso forzarla y, ante la negativa de Nagore, su respuesta fue intentar violarla. Luego sería consciente de lo que había hecho y pensó que lo mejor sería matarla antes que enfrentar una denuncia por abuso o violación.

La autopsia reveló que José Diego le asestó a Nagore treinta y seis golpes, le rompió la mandíbula y le fracturó el cráneo para después acabar asfixiándola. Según la sentencia, intentó descuartizarla. Llegó incluso a seccionarle un dedo y hacerle cortes en una de las muñecas. Al ser incapaz de llevarlo a cabo, envolvió el cadáver con distintas bolsas de plástico sujetas por cinta aislante.

Acto seguido llamó a un colega para que lo ayudara a deshacerse del cuerpo. No se lo dijo a bocajarro, sino que tanteó un poco el terreno, pero su amigo se dio cuenta de la gravedad del asunto. Este lo puso en conocimiento del jefe de Psiquiatría de la Clínica Universidad de Navarra para que él llamase a la policía.

Mientras tanto, José Diego fue hasta casa de sus padres para coger su coche y meter el cuerpo de Nagore en el maletero, y condujo cuarenta y cinco minutos hasta Orondritz, donde dejó el cuerpo en una zona boscosa. Lo encontraría más tarde una mujer que paseaba con su perro.

Tras deshacerse del cadáver, José Diego vagó por las calles con su coche en estado de pánico hasta que sus padres lo encontraron y avisaron a la policía.

José Diego Yllanes fue llevado a juicio con un jurado popular que no era más que un reflejo de la sociedad de aquellos años, ya que las conclusiones a las que llegaron fueron que él interpretó erróneamente que Nagore quería parar porque él estaba siendo muy brusco, aunque justificaron este acto con que a él le gustaba tener esas dinámicas durante el sexo. Nagore se asustó y lo amenazó con destruir su carrera laboral porque iba a denunciarlo. Esas amenazas provocaron una reacción violenta en él.

Con esta explicación de los hechos, parece que se justifiquen los actos de José Diego porque, claro, es *normal* que un hombre se comporte de un modo brusco cuando lo dejan con las ganas...

La madre de la víctima, Asun Casasola, tuvo que soportar que el jurado le hiciera preguntas incómodas sobre su hija.

Ningún acto, insinuación, vestimenta o actitud provocan una violación o crimen. Los provoca el agresor.

Por todas estas razones me interesé por lo que ahora conocemos como *true crime*, la narración de un crimen real. Me hice un canal de YouTube y me lancé a narrar este tipo de actos de la forma en la que a mí me interesaba escucharlos: con sumo respeto hacia las víctimas, añadir el contexto de su vida y exponer el daño que genera en los familiares y amigos de las víctimas sin centrarme morbosamente en el crimen ni en el asesino; contar cómo poco a poco se desgrana la investigación policial y mostrar los errores cometidos tanto por estas instituciones como por la sociedad.

De esta forma aprendí de manera autodidacta a hacer guiones (debo admitir que los primeros son lamentables). Y así llegamos a hoy, cuando estás leyendo mi libro... (uf, mira, estoy que no me lo creo).

El hecho de enfrentarme cada día a casos criminales hace que me dé cuenta de varias cosas:

- La gente está fatal.
- Como ya te había dicho antes, cualquiera de nosotros puede acabar matando.
- La mayoría de los crímenes en España prescriben a los veinte años y eso es lamentable.

En España, la prueba del ADN se utilizó en un caso penal por primera vez hace treinta y cinco años, en 1989, con una agresión sexual en Galicia y fue para exculpar a un acusado.

Antes se requerían grandes cantidades de material genético, sangre, semen o saliva, para extraer alguna coincidencia genética. Tales cantidades no son muy fáciles de encontrar en una escena del crimen.

Ahora se hacen unos 36.000 análisis de ADN al año en este ámbito. Las PCR que todo el mundo conocemos hoy en día por culpa de la pandemia del COVID-19 fueron revolucionarias para esta tarea. En 1990, esta técnica comenzó a instaurarse como parte fundamental en una investigación criminal.

En la actualidad, podemos pagar por la experiencia de descubrir nuestros orígenes gracias a una prueba de ADN. Aunque, si te gusta este tipo de cosas, quiero que sepas que el FBI ha cruzado en más de una ocasión las bases de datos de estas empresas que se dedican a revelarte cuán nórdico eres con sus bases de datos de criminales. ¿Por qué? Porque el que hace ese tipo de test puede tener un tío asesino.

De esta forma se logró detener al asesino de Eva Blanco.

El 19 de abril de 1997, Eva, de diecinueve años, se fue de fiesta con sus amigas en Algete, Madrid, y volvieron a sus casas alrededor de las 23.30. Una de ellas la acompañó parte del trayecto de vuelta, a tan solo unos setecientos metros del adosado donde vivía con su familia.

Eva decidió tomar un atajo para llegar antes a su casa, pero alguien se interpuso en su camino. Intentó huir, lo sabemos por cómo fue encontrada. La descubrieron dos ancianos a las 09.00 del día siguiente. La apuñalaron diecinueve veces, una de ellas, la del costado, fue mortal de necesidad. También la violaron, ese fue el motivo del ataque.

Eva murió por la pérdida de sangre de todas sus heridas alrededor de las cuatro de la madrugada. Mientras su vida se escapaba poco a poco, comenzó a llover, perdiéndose así muchas de las evidencias científicas que el agresor había dejado en el cuerpo de Eva.

Aun así, ese monstruo dejó su marca.

De este crimen nació la infatigable Operación Pandilla, llamada así en referencia al círculo de amigos. Transcurrieron unos quince años, en los que se hizo todo lo que se pudo, pero no hubo resultado. Las muestras del semen del asesino de Eva se guardaron como oro en paño, ya que había que confiar en los avances en la genética forense, y la Guardia Civil solicitó al Instituto de la Facultad de Medicina de la Universidad de Santiago de Compostela un nuevo análisis. El estudio determinó que esa muestra se correspondía con una persona del norte de África. Se inició entonces un estudio de todas las personas de esa región que vivieron o seguían en la zona en el año o los años posteriores, lo cual suponía analizar los perfiles de unas doscientas personas. La policía pidió ayuda ciudadana y, por suerte, la gente se volcó al cien por cien entregando muestras de ADN.

De esta forma se encontró al hermano del presunto asesino. A través de él encontraron a Ahmed Chelh, quien residía en Pierrefontaine-les-Varans, Francia. Allí había comenzado una nueva vida, se volvió a casar y tuvo hijos, los cuales no podían dar crédito cuando su padre fue detenido el 1 de octubre de 2015. Solo quedaba un año y medio para que el caso prescribiera, pero el ADN no dejaba lugar a dudas.

Ahmed Chelh, de cincuenta y dos años, reconoció ante el juez que aquella noche conoció a Eva, pero que fueron unos conocidos suyos quienes lo obligaron a eyacular sobre ella. El juez no lo creyó. Nueve días más tarde, se decretó su ingreso en la prisión de Alcalá Meco en Madrid. En 2016 se suicidó en su celda con los cordones de sus zapatos.

En la investigación por el asesinato de Eva Blanco, fue fundamental la evolución de la ciencia para poder encontrar a su asesino. Eso requiere tiempo, tiempo que no tenemos porque, una vez más, los crímenes en España prescriben. Tiempo que el asesino de Eva sí tuvo para rehacer su vida.

Los crímenes tienen que recibir justicia. Cuando ya están en medio de una investigación policial (y, en muchos casos, sufriendo un circo mediático), las familias a las que les han arrebatado a un ser querido no han podido despedirse como desearían.

Y después de este delirio, rabia y dolor, se instaura un silencio aplastante por parte de las autoridades. Para que un buen día, cuando ese dolor ya se ha enquistado y lo inunda todo, te digan que no se puede investigar más porque el caso ha prescrito.

Sin embargo, los resultados de los análisis de ADN están sujetos a interpretación, y las interpretaciones siempre son hechas por humanos, que, como es obvio, a veces se equivocan. Recordemos que el ADN nos permite saber de quién es esa muestra, pero en la mayoría de los casos no nos dice cuánto tiempo lleva ahí. Como, por ejemplo, en el caso de Almonte, que veremos más tarde.

Tic, tac, tic, tac... El reloj del mal sigue su curso y solo quedan once años para que el caso que trataremos a continuación prescriba.

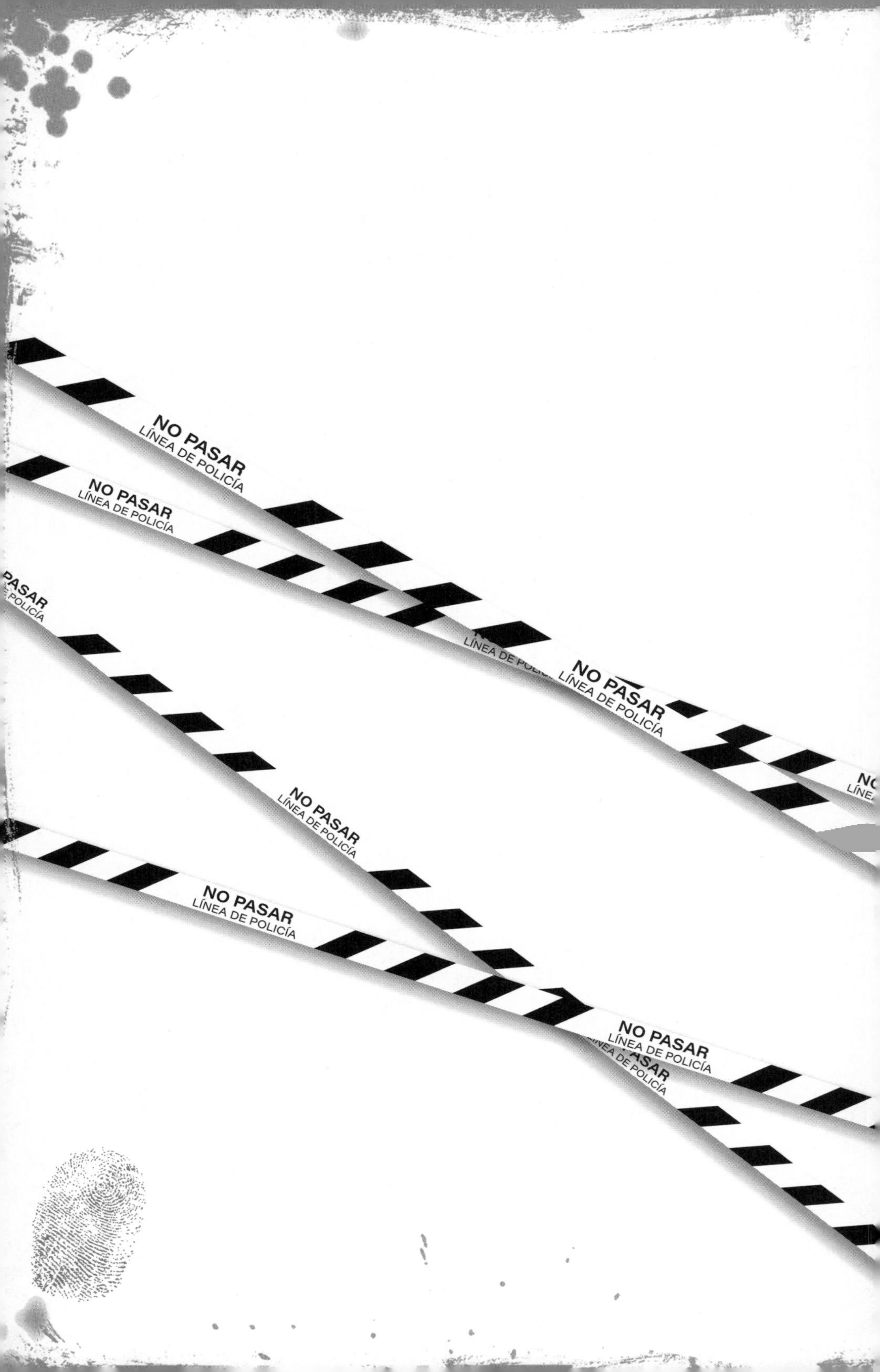
NO PASAR
LÍNEA DE POLICÍA
NO PASAR
LÍNEA DE POLICÍA
NO PASAR
LÍNEA DE POLICÍA
NO PASAR
LÍNEA DE POLICÍA
NO PASAR
LÍNEA DE POLICÍA
NO PASAR
LÍNEA DE POLICÍA

PRIMER CASO
LA VIUDA DE LA CAM

EL DILEMA DE LA JUSTICIA

Condenar a un hombre a veinticuatro años de cárcel por asesinato y tenencia ilícita de armas o exonerarlo de toda culpa. Esta es la disyuntiva a la que se enfrentaba el juez a cargo del caso del asesinato de María del Carmen Martínez, la viuda del que fuera presidente de la Caja de Ahorros del Mediterráneo (CAM).

Antes de comenzar con el relato, quiero explicar algo que me ocurrió respecto a este caso y, como he dicho en varias ocasiones, sé que lo más probable es que os dé mucha rabia porque no voy a dar nombres de este pasaje concreto. No es que quiera hacerme la misteriosa, sino que me da mala espina...

Cuando me enteré de este caso, no me cupo la menor duda de que lo tenía que explicar en mi canal de YouTube. Escuché varios pódcast que hablaban sobre el tema, y también leí mucha prensa. Enseguida me atrapó porque parece una novela. En cuanto grabé el vídeo, lo edité y lo publiqué en YouTube, tuvo muy buena acogida. Además, yo, que soy muy cuca, junto a la publicación del vídeo en YouTube, grabé también un TikTok donde contaba el caso de una forma muy resumida. La verdad es que me quedó muy trabajado...

Pero... ¿qué tiene TikTok que no tienen otras redes sociales? Un poder para la viralidad que es inconmensurable. Ese TikTok lo estaba petando y muchos de vosotros escribisteis en los comentarios porque estabais flipando, claro. Hasta que de repente miré el reloj y vi que ya eran las 21.00, mi novio se fue a sacar a los perros y después haríamos juntos la cena.

Pues en ese preciso momento, no sé por qué, miré los DM de Instagram.

Y el primer mensaje provenía de un personaje secreto... Lo primero que pensé es que me estaban gastando una broma, pero, cuando revisé qué amigos teníamos en común, comprobé que las cuentas que lo seguían estaban verificadas y gente que parecía cien por cien real.

El mensaje era: «Hola, Martha. ¿Puedo hablar contigo?». Amigos, me cagué viva. Le di a «Aceptar», me pidió permiso para llamarme y me hizo una videollamada.

Bueno. Me cagué nivel Dios.

No puedo decir mucho, salvo que es una persona relevante del panorama político de este país. Y de una forma muy amable me pidió que, por favor, borrase el vídeo de TikTok. Supongo que el de YouTube era demasiado insignificante como para que le llegara a esta persona, y por esa razón no lo borré (mejor, porque cada vídeo de YouTube conlleva mucho curro y no me apetecía. He de reconocer que me hice la despistada totalmente).

Y tú te preguntarás: «¿Te dijo por qué?». Ya que, a ver, tú no pides a una persona que borre un vídeo sin un porqué, ¿no?

El porqué era que las informaciones que se tenían acerca del único acusado de asesinato del crimen que os voy a relatar a continuación eran totalmente falsas. Esta persona secreta me recalcó que no es que yo estuviera equivocada, sino que todas las informaciones dadas en los medios estaban erradas.

En ese momento pensé: «Guau, esto suena supersospechoso...». Porque, además, hay que reconocer que en mi vídeo el acusado parecía *muy culpable*. Y, honestamente y con la mano en el corazón, lo que pensaba en ese momento era que es culpable al cien por cien.

Ahora, al mirar en retrospectiva la anécdota para plasmarla en este libro, me doy cuenta de que estaba muy equivocada, pero no me malinterpretéis. No estoy diciendo bajo ningún concepto que el único acusado de este caso sea inocente. Os juro y os vuelvo a jurar que esa no es mi intención. Pero me he dado cuenta de que, dependiendo de qué periódico leas o de qué pódcast escuches, el único acusado en este caso puede parecer muy culpable o totalmente inocente.

Ese es mi fin con este relato. Quiero que llegues a tus propias conclusiones. Con esto quiero decir que me equivoqué en su día. Pese a no estar totalmente de acuerdo con la persona que me llamó, tampoco lo estoy con la Martha del pasado que hizo aquel vídeo.

Ya os he dicho que yo no soy periodista ni criminóloga, pero quiero hacer las cosas bien. Aun así, en este libro voy a volcar tres casos criminales sin resolver en territorio español bajo mi perspectiva. Esto implica que, para ti, un mismo hecho podría ser diferentísimo que para mí.

Porque, a ver, ¿estás escribiendo tú este libro? Vale, pues ya está. Pero, antes de entrar en materia, os sugiero que vayáis a la cocina a serviros un vaso de vuestra bebida favorita para que no se os atragante la indignación que vais a sentir con todo lo que os voy a contar.

LOS RICOS TAMBIÉN LLORAN

Sé que esta frase se ha reiterado muchas veces, pero es que este caso podría encajar a la perfección con un capítulo de *Dinastía*: familias obscenamente ricas enfrentadas entre ellas para serlo aún más. Nunca es suficiente, siempre se puede obtener más poder y más dinero. Sin embargo, lo más increíble de este caso es que hoy todavía no sabemos si este es el motivo por el cual una mujer fue asesinada.

¿Si todas las pistas señalan a una persona, la convierte en asesino? Admito que este es uno de los casos que más me ha atrapado. Aunque es evidente que no es porque empatice con la víctima, más bien todo lo contrario. Las pequeñas cosas del día a día son las que nos hacen empatizar con las víctimas de los peores crímenes.

En este caso os voy a hablar de gente grotescamente rica. Gente que nunca ha tenido problemas para llegar a fin de mes. Que jamás ha tenido que ahorrar céntimo a céntimo para poder darse un capricho. ¿Cómo debe de ser eso? ¿Levantarse un día por la mañana y pensar que puedes viajar a la otra punta del mundo sin restricciones? ¿Será verdad eso que dicen sobre que la gente que tiene tanto dinero no lo valora? Imagino que variará según la persona. Pero seguro que uno se acostumbra a tener tantísima pasta. Eso está claro. ¿Será el caso de los implicados en este crimen?

EL *FALCON CREST* ALICANTINO

Toda esta historia comienza con el matrimonio de María del Carmen Martínez y Vicente Sala. Juntos y, por qué no decirlo, gracias al patrimonio de sus familias, fueron capaces de crear diferentes empresas que en el futuro tendrían una rentabilidad descomunal. Esta familia es el claro ejemplo de que no, no te vas a hacer absolutamente rico de la nada. Hay que tener en cuenta que tanto María del Carmen Martínez como Vicente Sala provenían de familias con bastante dinerito. Bueno, sí, es verdad que fueron muy inteligentes, pero no, queridos, no os vais a hacer ricos con los bitcoins y vuestras mentes de tiburón viviendo en Parla. Desechad esa idea.

Bien, esta familia vivía en una gran finca en la periferia alicantina llamada Vistahermoso, con una torre de defensa de la época de la conquista (ahí dentro olía a alcanfor...). Pero cuando digo gran finca imaginad algo muy grande y multiplicadlo por setenta y cinco, y quizá entonces os acercaréis a las dimensiones de las que hablo. 300.000 km^2 de terreno, ¡WTF!

Vicente Sala mandó construir en el interior de esta finca cinco casas para que toda su familia viviera junta en el mismo terreno. Evidentemente, cada una de estas casas de estética colonial tiene un tamaño monumental. La casa de los patriarcas es la más grande de todas y la llaman La Torre. Con esta idea arquitectónica, Vicente Sala tendría la sensación de que su familia estaba unida. Es más, mandó construir una gran mesa de roble, que costó no sé cuántos miles de euros, para hacer cenas y comidas familiares.

Vicente y María del Carmen habían tenido cuatro hijos: Vicente Jesús, Eva Fuensanta (más conocida como Fanny),

María Antonia (comúnmente llamada Tania) y María del Mar (acortado simplemente como Mar).

Como era de esperar, cada uno de ellos se casó y tuvo varios hijos. Así que Vicente Sala contaba con nada más y nada menos que diez nietos.

Como os decía, esta macrofinca llamada Vistahermoso tiene las tres casas de las tres hermanas prácticamente pegadas la una a la otra. Luego está la casa de Vicente, el primogénito, y la casa más grande, que era la de los padres. Además, cada una de estas viviendas cuenta con todas las comodidades: piscina, pista de tenis, árboles frutales... Y, bueno, supongo que lo que les apetezca, porque para eso son ricos.

Todos son días de vino y rosas hasta que Vicente Sala enferma, un cáncer de páncreas que lo fulmina en tan solo unos meses. El hombre, que erigió un imperio junto a su mujer y que mantenía unida a una gran familia, pierde la vida el 23 de agosto de 2011 y con él se esfuma la armonía familiar.

En el preciso instante en el que están enterrando a este hombre, cada uno de los hermanos Sala sale de su cueva como hienas sedientas de sangre, dispuestas a desmembrar y arrancar el trozo más grande de su presa. Otra vez dinero y poder.

Pero, esperad, que tenemos que sumar a una persona más en esta ecuación. A toda esta sed de dinero y poder hay que añadir a Antonia Martínez (Toñi), que es ni más ni menos que la hermana de la viuda, María del Carmen Martínez. Esta mujer estaba metida en absolutamente todos los embrollos y sería una parte fundamental de todo esto, que cada vez se irá pareciendo más a *Falcon Crest*.

Aunque, para poder entender bien esta situación, debemos retrotraernos al principio del todo.

LA RAÍZ DEL CONFLICTO

Vamos a aportar un poco de contexto a Vicente Sala, un hombre hecho a sí mismo de la alta sociedad alicantina, nacido en Novelda en 1939. Fue presidente de la caja alicantina entre 1998 y 2009, al cumplir los setenta años, aunque ya había formado parte del Consejo de Administración de la CAM. También fue condecorado con la Medalla de Oro y Diamantes de la Cámara de Comercio de Alicante.

Este señor construyó un gran imperio gracias al impulso económico que le otorgó la familia de su mujer. Se inició con una empresa de plásticos, que se convertiría en la compañía matriz con el nombre de Samar Internacional S. L. (el nombre es un acrónimo de los apellidos Sala y Martínez). Esta matriz tiene el cien por cien de los activos de otras empresas de esta familia, como SM Resinas, Samarlen Internacional y Pomir.

Además, la familia, gracias a distintas sociedades, tiene filiales en Latinoamérica (Brasil, México y Perú) y en parte de Europa.

Sé que no os habéis enterado ni de la mitad mientras leíais este párrafo. Honestamente, yo tampoco. Pero, bueno, quedaos con que eran asquerosamente ricos.

Lo que va a jugar un papel importantísimo en toda esta trama es que la empresa matriz, Samar Internacional, controla el cien por cien de las otras empresas. Por lo tanto, si dominas esa compañía, diriges gran parte del patrimonio de los Sala. En conjunto, estamos hablando de un patrimonio de unos trescientos millones de euros al año. Es una cifra que marea un poco, sí. Cuando en 2011 Vicente Sala pierde la vida a causa del cáncer, deja una herencia nada desdeñable a sus cuatro hijos, a su mujer y a su cuñada (por favor, no os podéis olvidar de Antonia Martínez, será muy importante más adelante).

- El 20 % para cada uno de sus hijos.
- El 17,5 % para María del Carmen.
- Y el 2,5 % para Antonia Martínez.

Como estaréis haciendo cálculos, sí, el 20 % de la herencia millonaria para cada uno de los hermanos está superbién. Es un reparto equitativo y muy sustancioso. El problema fue que tras la muerte de Vicente los cuatro hermanos ya no se callaban las cosas, y para más inri Vicente hijo, además de estar muy apegado a su madre, ostentaba más poder que las tres hermanas.

Con la repartición de la herencia, la viuda de Vicente recibió algo que le otorgaría un poder supremo por encima del de sus hijos y el de su propia hermana: la acción de oro.

La acción de oro es algo así como una varita mágica que permitía un control absoluto de todas las empresas de esta familia. Si la tienes, tu voto vale más que los del resto juntos (eres *the boss*, vaya). Por lo tanto, si hubiera algún tipo de desacuerdo con respecto a cómo se estaba repartiendo o gestionando algo, la matriarca tendría la última palabra. Siempre.

Y según dejó escrito en el testamento Vicente Sala padre recomendaba que esta acción de oro fuera para su primogénito y debía tener el poder de la empresa matriz, Samar Internacional. Por este motivo, se debía hacer una modificación estatutaria para que Vicente Sala hijo fuera el que cortara el bacalao.

Y aunque, sin ningún género de dudas, Vicente Jesús Sala, el hijo, había sido formado por su padre para que trabajara en los negocios y fue el que más se había implicado en ellos, las tres hermanas se oponían completamente.

Fuensanta, María Antonia y María del Mar afirmaron que, si su padre había dejado por escrito en el testamento que la herencia se repartía a pachas, se repartía a pachas y punto.

Lo que me parece totalmente increíble es que, bajo mi punto de vista, todas estas envidias y rencillas ya existían antes de la muerte de Vicente Sala. Pero, hasta que él no murió, las tres hermanas no habían dejado aflorar toda esa inquina que corría en su interior. ¿Por qué mi hermano va a tener más que yo? Bueno, pues porque Vicente Jesús tuvo siempre una conducta intachable con sus padres. Ya he contado que estuvo al pie del cañón desde el principio, aprendiendo el negocio desde la base con su padre, y, cuando este murió, estuvo junto a su madre e incluso fueron juntos a misa todas las semanas.

LA FRACTURA DE LOS SALA

Así es como se forman dos bandos:

Las tres hermanas vs. la matriarca, Toñi Martínez y Vicente Jesús.

El resultado: ya tenemos montada la marimorena.

En junio de 2016, casi cinco años después de la muerte del patriarca, se convocó una junta y este Vietnam particular saltó por los aires, creándose entre ambos bandos unas fricciones irreconciliables, que se trasladarían incluso a los nietos. María del Carmen llegó a decir que, paseando por la finca, pasó cerca de la casa de su hija Fuensanta y se encontró con su nieto Sergio (hijo de esta y Miguel López), y él se la quedó mirando a los ojos. Ella creyó que le iba a decir algo, pero Sergio le hizo la señal de degüello con el pulgar. WTF.

A ver, ¿qué se creía el nieto? Evidentemente, si un chaval, ya que este chico era un chaval, le hace eso a su abuela es porque en casa está escuchando todos los días cómo echan pestes de ella.

Hago un inciso aquí para recordar que, dado que María del Carmen, la matriarca, tenía la acción de oro, daba exactamente igual qué bandos hubiera, puesto que allí la que mandaba era ella y, por ende, su bando.

Además, como María del Carmen le daría a Vicente hijo la acción de oro cuando ella muriera por voluntad de Vicente padre, esa acción pasaría a los hijos de Vicente. Y, como os podéis imaginar, eso les parecía muy injusto a sus tres hermanas. Sin embargo, en el artículo nueve del testamento de Vicente Sala padre, se recogía que ningún beneficio ni estamento podía pasarse a terceros. Así que ellas se acogieron a ese artículo para batallar contra el otro bando.

Por si eso fuera poco, en 2016, la madre disminuyó la asignación de las hijas de 120.000 a 45.000 euros anuales (más beneficios). Obviamente, ni ellas ni sus hijos estuvieron de acuerdo.

La situación llegó a un punto crítico en el que las hijas no hablaban a su madre a pesar de estar viviendo en la misma finca. Según la propia Fuensanta, ella sí que podía decir «hola», «buenos días», pero no establecía ningún tipo de conversación con su madre ni con su hermano y, por supuesto, tampoco con su tía Toñi.

Incluso la matriarca consignó en su diario lo triste y disgustada que se sentía con esta situación y con que sus hijas no estuvieran remando a favor de lo que un día su padre estipuló en su testamento. También anotó que todo se lo debían a él y, en pocas palabras, llamaba a sus tres hijas desagradecidas. Tanto la afectó que las excluyó de su testamento, no se sabe si antes o después de darle el poder empresarial a su hijo. Así que podemos intuir el fantástico ambiente familiar que había.

Os he dicho que Fuensanta estaba casada con Miguel López. Todas las hermanas estaban casadas y tenían hijos, pero lo de esta pareja y sus hijos en particular es de traca. Para poder continuar con este relato, tengo que hablar precisamente de Miguel López. Desde que este comenzó su relación sentimental con Fuensanta, tuvo también una relación muy estrecha con Vicente Sala padre, quien le dio la oportunidad de ser el administrador de uno de los negocios, Novocar. Este era el negocio menos próspero del imperio de Sala. Estaba situado en un polígono de Alicante, frente al tanatorio de La Siempreviva. Contaba con tres espacios: la zona de exposición de los vehículos, el aparcamiento y lavadero de coches, y el taller.

Cabe aclarar que, en muchos pódcast, libros, periódicos e incluso en el propio juicio, se ha intentado vender la imagen de que el aparcamiento y la zona del lavado de Novocar eran una zona tremendamente oscura y que podría decirse que daba miedo. Sí es cierto que está algo oscuro porque, cuando se perpetre el crimen allí, las luces no están encendidas, pero el polígono en su totalidad está muy cerca de la carretera y además está bastante abierto, entre la carretera del Zodíaco y la de Ocaña. Así que escondido escondido tampoco está.

Miguel apoyaba a su mujer y a sus cuñadas y, evidentemente, se posicionó en el bando de las hermanas desheredadas. A pesar de lo mal que se llevaban María del Carmen Martínez y Miguel, ella siempre llevó su Porsche Cayenne a Novocar. Porque una señora de dinero no puede tener su coche sucio.

Con toda esta información pasamos entonces al día de autos.

TRAMPA EN EL PORSCHE CAYENNE

El 9 de diciembre de 2016, Cristina, la secretaria de Novocar, avisó a la matriarca de que podía ir a buscar su coche por la tarde. Toñi la acercó con su coche. La dejó en el polígono de Novocar a las 18.25, aunque ella no entró. Según la propia Toñi, Miguel López las saludó aquel día desde la calle, algo que las extrañó porque él no les dirigía la palabra... ¿A santo de qué en ese momento las estaba saludando tan efusivamente?

Toñi le dijo a su hermana que la esperaría en casa, y se marchó con su coche porque la matriarca estaba a punto de recoger su Porsche Cayenne. Sería el propio Miguel quien le daría a María del Carmen las llaves y le indicaría dónde estaba aparcado.

Ojo, este detalle es muy importante: Miguel le dio las llaves de su coche a la matriarca *en mano*.

Es viernes por la tarde y hay bastante trajín; además, están sacando las sillas y las mesas de una estancia para convertirla en la nueva sección de informática de la empresa. Quien gestiona esta labor es Herminio, el encargado de mantenimiento.

María del Carmen se dirige a la zona donde aparcan los coches de alta gama que acaban de llegar y que lavan para exponerlos o para que esos nuevos propietarios se los lleven. La matriarca se sube en su Porsche Cayenne y cuando está a punto de arrancar...

Alguien abre la puerta del copiloto y le descerraja dos tiros en la cabeza con un silenciador. El primero es a quemarropa, una ejecución, mientras que el segundo disparo se hace a unos veinte o treinta centímetros de distancia. Uno le alcanza en la sien, otro le roza la mejilla, pero ninguno es letal al instante. Tardaría aún unos segundos en morir.

Alguien había lavado el Porsche de María del Carmen y, en vez de dejarlo en el aparcamiento, lo había vuelto a meter en el lavadero, un movimiento perfecto para que el asesino pudiera ejecutar su plan sin que nadie se diera cuenta porque además en esa zona no había cámaras y las luces estaban apagadas. Como ya hemos dicho, aunque este polígono estaba muy expuesto a la carretera, la zona del lavadero era la que se encontraba más al fondo.

Se interrogó a todos los empleados de Novocar y ninguno había movido el coche aquel día. Fueron Herminio e Israel, empleado también de la empresa, quienes se dieron cuenta de que María del Carmen seguía todavía en el lavadero y que algo raro estaba pasando. En un principio, incluso pensaron que la mujer se había desvanecido y la intentaron socorrer, pero se les cayó al suelo. En ningún momento se hubieran imaginado que tenía dos balas alojadas en la cabeza. Una de estas, por cierto, le perforó el pómulo, impidiéndole hablar. Fallecerá a los pocos segundos de recibir los disparos.

¿VÍCTIMA DE UN SICARIO?

En el momento en el que Herminio, Israel y otros trabajadores de Novocar (aquel día eran nueve) fueron conscientes de que a María del Carmen le había sucedido algo muy grave, llamaron de inmediato a Miguel López. Eran las 18.55 y a esa hora Miguel ya estaba en su finca. Había tardado tan solo diez minutos en llegar. Primero fue hasta su garaje y luego hasta la finca de su cuñada Tania. Esto lo sabemos por las cámaras.

Quedaos con todos estos movimientos porque serán cruciales para más tarde.

La llamada de Israel duró tan solo dos minutos y ni siquiera él era consciente de lo que estaba sucediendo. Así que Miguel se dispuso a volver a Novocar, pero antes de emprender la marcha hizo una parada de unos tres minutos. Acto seguido, se dirigió a la empresa, pero esta vez le llevaría mucho más tiempo del que había tardado para volver a su casa.

¿Os acordáis de Sergio, el nieto de la matriarca que le había hecho la señal de degüello con el pulgar a su abuela? Pues bien, este mismo nieto, la mañana siguiente a enterarse de que habían asesinado a su abuela, subió una foto a Instagram con un texto que decía: «Jaque mate».

No sería el único, su hermano Miguel puso un comentario llamándola «maldita zorra». Tres días después, Fuensanta y Miguel padre lo llamaron por teléfono, ya que estudiaba en Escocia, para echarle en cara su actitud. Como tenían el teléfono pinchado se pudo conocer la conversación que mantuvieron:

Fuensanta: Me acabo de enterar de la foto que pusiste el otro día, la acabo de ver.

Miguel hijo: ¿Qué foto?

Fuensanta: Una foto tuya, con una frase, eres gilipollas. Miguel, eres gilipollas, era mi madre, Miguel, y tu abuela.

Miguel padre: Miguel, ¿tú estás bien de la cabeza? Eres un inmaduro, pero, vamos a ver, cómo se te ocurre, hijo, continúas siendo un inmaduro.

Fuensanta: Lo sigues demostrando, Miguel, que no tienes los pies en el mismo mundo que los tenemos los demás, eres un inmaduro, por favor, aterriza en este mundo donde estamos todos...

Miguel padre: Si llegas a estar aquí, te cojo del cuello y te doy dos hostias, mira lo que te digo.

Fuensanta: Aterriza de una puñetera vez y madura, hijo, madura.

Miguel hijo: Vale..., vale.

Fuensanta: Hala, adiós.

Miguel hijo: Adiós.

Estos dos muchachos encantadores eran los hijos de Miguel López.

Miguel estaba en la casa de Tania cuando recibió una segunda llamada de Israel, en la que le repite que algo muy grave había pasado con su suegra, y parece que, por fin, la información cala. Sería el propio Miguel quien les comunicaría a las hermanas lo que estaba sucediendo, aunque ha de aclararse que nadie sabía nada... A la matriarca le había pasado algo, pero se desconocía el qué.

Entre toda esta confusión, llegaron de nuevo a Novocar y fue cuando se encontraron a la comitiva judicial, a los de homicidios, una ambulancia... y, bueno, a todos los miembros del Estado que son imprescindibles para resolver un crimen y recabar todas las pruebas necesarias cuando ocurre algo de este estilo. Si una se pone en la piel de las hijas, debe de resultar chocante enterarse de que alguien acaba de ejecutar a su madre, con la que se llevaban tan mal. Me gustaría saber si en algún momento se preguntaron si su madre se fue de este mundo pensando que ellas no la querían... ¿Albergarán algún tipo de remordimiento?

Cuando la policía comenzó a analizar la escena del crimen se dio cuenta de que no había errores en esta ejecución, porque precisamente esa es la palabra que mejor describe este acto: ejecución. ¿Y si todo eso era obra de un sicario?

Se decidió que, como la magnitud empresarial de la familia Sala había extendido sus tentáculos hasta Latinoamérica, esa sería una línea de investigación muy potente.

Incluso según el pódcast *El enemigo. El crimen de la viuda CAM*, de *El País*, se explica que en los días alrededor del asesinato un hombre se estuvo alojando en la misma zona en un hostal y solo pagó en efectivo, era muy huidizo y además le comentó a otra persona que con el dinero que iba a recibir por el encargo que le habían hecho se podría retirar.

¿Significa que esta persona que te estoy describiendo es un sicario? No, por supuesto que no. Pero era alguien que tener en cuenta en toda esta investigación. Sin embargo, la policía no prestó atención a las informaciones que se dieron respecto a este hombre porque ya tenían a un sospechoso. Uno que encajaba en todo pero en nada a la vez. Y ese era Miguel López, yerno de la víctima.

CUI PRODEST SCELUS, IS FECIT
«AQUEL A QUIEN BENEFICIA EL CRIMEN ES QUIEN LO HA COMETIDO»

La policía detuvo a Miguel López, acusado de haber asesinado a su suegra, el 8 de febrero de 2017, un par de meses después del crimen. Pero ¿qué tenían en su contra?

Cabe decir que, tan solo tres días después del asesinato, la policía ya tenía claro que era Miguel López. Según la Fiscalía, tenía un motivo: era el marido de una de las hijas de la víctima y estaban en desacuerdo con el rumbo empresarial que iba a tomar su madre. Ese mismo día del crimen, la matriarca iba a ir al notario para otorgarle todo el poder empresarial a su primogénito, dejando al margen a sus tres hijas. Había cambiado de idea con respecto a la acción de oro y pretendía dejarle su herencia en vida. Por ende, la economía de Miguel también dependía del movimiento que fuera a hacer María del Carmen Martínez.

Además, como os he dicho, según contó Toñi, quien la llevó hasta Novocar, le resultó extremadamente raro que Miguel las saludara efusivamente cuando, de nuevo según ella, no se dirigían la palabra.

En ese caso: ¿puede ser que Toñi tuviera la percepción de que Miguel López estaba siendo más abusivo de la cuenta? Esto es algo sospechoso, sobre todo por cómo se desarrolló luego todo... Pues sí, por supuesto que puede ser una percepción.

¿Puede ser una realidad innegable que Miguel saludara efusivamente a Toñi y a la matriarca? Sí, por supuesto que puede ser.

Por todas estas razones nos damos cuenta de que este caso es muy complicado porque *solo* se sustenta a base de indicios. Cuando se suman muchos indicios, ¿dan como resultado una verdad irrefutable? Pufff, será mejor que sigáis leyendo.

Según la investigación, la cronología de los hechos sería la siguiente:

A las 18.38 aproximadamente, Miguel se fue a su casa (según algunos testigos).

Pero a las 17.45 Miguel apagó el móvil. Eso significa que Miguel vio a la víctima y se marchó de Novocar con el teléfono apagado. Cuando lo enciende ya está en su domicilio. Esto, amigos, sería algo muy sospechoso para la Fiscalía. ¿Por qué apagó el móvil? Pues no lo sé, pero es que, sinceramente, es raro.

Además, los peritos forenses piensan que los disparos pudieron ser efectuados sobre las 18.25 y solo se necesitan unos segundos para ejecutar dos disparos y más con silenciador, puesto que no te asustas por el ruido, sobre todo si estás acostumbrado a disparar. Eso le permitiría al acusado disponer de unos trece minutos para asesinar a la víctima y marcharse. Es tiempo de sobra.

Y como he dicho millones de veces, puesto que Miguel le había dado en mano a la matriarca las llaves, había ADN de Miguel en la mano de Carmen. Y es fundamental, porque:

- El ADN está en la escena de un crimen. Mejor dicho, había ADN del acusado en el cuerpo de la persona asesinada.
- Miguel no solía darle las llaves a su suegra en mano, según Toñi.

Pero, esperad, que tenemos muchos más indicios.

Los agentes sometieron a peritaje el móvil de la víctima para usar un programa que desencriptara datos que no se pueden descifrar así como así. Un ejemplo de esto es el caso de Diana Quer, en el que se utilizó el programa Lazarus para desencriptar los metadatos de su iPhone y conocer los últimos movimientos de la joven, imprescindibles para detener a José Enrique Abuín, apodado el Chicle.

Gracias a este programa informático, al rastrear las conversaciones entre la pareja, se supo que tanto Fuensanta como su marido, Miguel, se pasaban el día hablando de cómo destronar y usurpar el poder a la matriarca y al primogénito. En las reuniones, Miguel no estaba presente, pero su mujer le informaba en directo de lo que iba pasando y prácticamente era él quien les decía a las tres hermanas cómo debían proceder.

A todo esto hay que añadir también que Miguel tenía licencia de armas porque practicaba tiro olímpico. Cabe señalar que su licencia se limitaba al uso deportivo de estas armas. Sin embargo, el arma que se usó para asesinar a la matriarca era de coleccionista, un arma extremadamente rara en el uso de sicarios y, además, los proyectiles eran de latón cuando lo normal en el arte de matar es usar proyectiles de plomo. Pero ¿y si alguien *no profesional* fue el encargado de matar a María del Carmen?

Todo esto se pone todavía más perturbador cuando aparece el testimonio de Antonio Moreno, amigo y confidente de la familia Sala Martínez.

> Con él se desvela que la matriarca le habría confesado un día antes de ser ejecutada que alguien había accedido a unos documentos muy importantes. Realmente no sabía si con la intención de llevárselos.

Pero, claro, cuando después del crimen ves que los dos hijos del principal sospechoso tienen la sangre fría de subir un post a Instagram que reza «jaque mate» en referencia a la ejecución de su abuela y llamarla «maldita zorra»... Chica, algo huele muy mal aquí.

Aunque el «amor» que profesaban los nietos a la matriarca venía de lejos, puesto que el 29 de junio de 2016, entre las 19.43 y las 19.48, María del Carmen recibió este wasap de tres de ellos:

«Mi madre me ha dicho que la queréis tirar del Consejo de Administración de la empresa. Estáis haciendo mucho daño a mi madre y yo la quiero mucho. No quiero verte más».

Y a las 20.14 recibió otro wasap por parte de su nieta Mar:

«Hola, Abu, yo he preferido mantenerme neutral hasta ahora, pero mi madre me ha dicho que la queréis tirar del Consejo de Administración de la empresa y, como una madre está por encima de todo, al menos hasta que se solucionen las cosas, que al parecer eso ya es muy difícil, no nos veremos más».

Así que no, no era algo exclusivo de Miguel López. El odio estaba extendido a todo el núcleo familiar. Aunque supongo que algo tarde, recurrieron a la estrategia de ablandar el corazón de su madre a través de sus nietos. El menos manipulador, el último.

Como os decía, Miguel entró en prisión el 8 de febrero de 2017. Treinta y nueve días más tarde lo dejan en libertad bajo fianza. El 20 de marzo de 2017 sale pagando una fianza de 150.000 euros. Hay indicios, pero no pruebas.

Al estar hablando de una familia extremadamente rica, 150.000 euros de fianza es como 1.000 euros para ti y para mí. Anda, que si me ponen a mí esa fianza iba yo a poder salir de la cárcel...

Pese a ello, a todos se les complican más las cosas. Porque, para ser sinceros, en este puzle del mal la última pieza que encaja a la perfección es Miguel López, pero solo se ajusta en la superficie porque una vez te paras a ver las pruebas que hay en su contra... no las hay. Porque se supo que María del Carmen tenía ADN de un varón desconocido en sus manos, aparte del de Miguel (que recordemos por millonésima vez que él le entregó las llaves en mano).

Asimismo, se encontró ADN de otra persona desconocida en uno de los casquillos de las balas usadas para ejecutar a la matriarca. Estas personas no tienen por qué ser los asesinos, pueden ser policías, el equipo médico que intentó salvar la vida a la mujer o incluso personal de Novocar. Pero, sí, también podría ser el ADN del asesino, o de los asesinos, aunque las autoridades nunca plantearon esta suposición.

Con todas esas pruebas, el 31 de octubre de 2018 se cerró la instrucción y el juez decidió llevarlo a juicio. La Fiscalía pedía veinticuatro años de cárcel y la acusación particular liderada por el primogénito de la víctima pedía también la misma pena. Es más, el abogado de Vicente Jesús Sala dijo: «Mi cliente no busca venganza, pero sí busca justicia, por eso pide los mismos años de cárcel que los que pide la Fiscalía».

El 14 de octubre de 2019 comenzó el juicio en la Audiencia Provincial de Alicante. El jurado popular constó de seis mujeres y tres hombres. Durante el juicio, se supo que a las 18.55, casi la misma hora a la que se estaba llamando a emergencias, alguien entró en el WhatsApp de la víctima.

Si fue Miguel López quien asesinó a su suegra, ¿tuvo tiempo suficiente con trece minutos para asesinarla, entrar en su WhatsApp y luego marcharse hacia su casa?

Durante este juicio se expuso todo lo que te he estado contando en este relato, pero algo que también fue muy significativo es que Miguel López se acogió a su derecho de no responder preguntas ni exponer su versión de los hechos durante el juicio. Su abogado, Javier Sánchez-Vera, dijo que su defendido estaba pasando por un momento muy difícil psicológicamente. Sería el propio Miguel quien diría que se acordaba muchas veces de la figura de Dolores Vázquez, que finalmente fue declarada inocente, aunque mediáticamente le destrozaron la vida por el caso de Rocío Wanninkhof.

Pero es que este caso no deja de sorprendernos. No os voy a aburrir con todos los detalles del juicio porque sinceramente no fue tan interesante como otros que sí que os voy a contar. Aunque, al parecer, hubo un error de forma.

La magistrada presidenta tuvo por no formulado el primer fallo, de culpabilidad, porque consideró que no habían valorado las pruebas de descargo (es decir, las pruebas que la defensa presentó para exculpar a Miguel). Les pidió que redactaran un segundo escrito. Y lo hizo sin reunirse con el fiscal y los abogados para consultarlo.

Se tuvo que esperar a un segundo veredicto, con el que prácticamente toda España nos estábamos mordiendo las uñas. Y el veredicto finalmente fue no culpable.

Pero es evidente que este caso no estaría en este libro si se hubiera juzgado de forma normal y ya está. Esto ha traído muchísima más cola. Gracias a la Fiscalía y a la acusación particular (recordemos que es Vicente Sala hijo, que se enfrentaba no solo al acusado, sino también a sus hermanas), se luchó para que el juicio se repitiera porque no se hizo con todas las garantías, ya que fue bastante desastroso.

En mayo de 2020, el Tribunal Supremo anuló la sentencia del Tribunal Superior de Justicia de la Comunidad Valenciana, que absolvía a Miguel López del asesinato en diciembre de 2019 de María del Carmen Martínez, debido a que creyó que el jurado pudo cambiar su veredicto inicial de culpabilidad por otro de inocencia a causa de las indicaciones que les dio la magistrada al devolverles el escrito. Así que se ordenó celebrar nuevo juicio con un jurado distinto. Esta repetición del juicio se iba a celebrar en mayo de 2023.

Mientras tanto, a Miguel se le retiró el pasaporte y tenía prohibido salir del territorio español, por lo que tenía que comparecer los días 4 y 18 de cada mes para que el juez tuviera constancia de que no se había ido por ahí. Este hombre estaba ya preparándose para un nuevo juicio; aunque había salido impune, la celebración de un nuevo juicio puede acarrear consecuencias diferentes para las partes implicadas. Había tenido suerte entre comillas, pero esa suerte se había agotado porque en pocos meses volvería a sentarse en el banquillo.

¿Pero qué pasó entonces? El 26 de abril de 2023 la Audiencia de Alicante suspendió por orden del Tribunal Constitucional la repetición del juicio *sine die* (expresión que significa literalmente 'sin un día'). Se supone que sucedió, entre otras cosas, por la petición de amparo que había presentado el abogado del acusado, pero es todo tan raro...

Después de todo, socialmente, este hombre está señalado. O sea, bajo el escrutinio social, sigue siendo culpable. Y no voy a negar que mucha parte de responsabilidad la tienen los medios de comunicación, porque es un caso muy ambiguo.

Miguel López parece culpable, parece la pieza del puzle que encaja a la perfección, pero hay una esquina que imposibilita que esa pieza del puzle coincida del todo: la imposibilidad de demostrar que él fue el culpable. Y yo soy de las partidarias de que, según cómo uses la entonación en este caso, Miguel parece culpable o inocente.

Lo último que se sabe de Miguel López es que vive apartado de la sociedad. Novocar, el concesionario donde ocurrió todo, cerró. Al parecer, fue el propio Vicente Jesús Sala quien dejó morir la empresa y la llevó a la quiebra. También trasladó la ubicación de las oficinas del *holding* familiar. Ya no vive en el *Falcon Crest* alicantino, aunque sus hermanas sí que siguieron viviendo allí durante mucho tiempo.

Y, a medida que pasan los años, este caso va cayendo en el reloj del mal, el reloj que dictamina que un caso prescriba en nuestro país y nunca jamás pueda tener justicia.

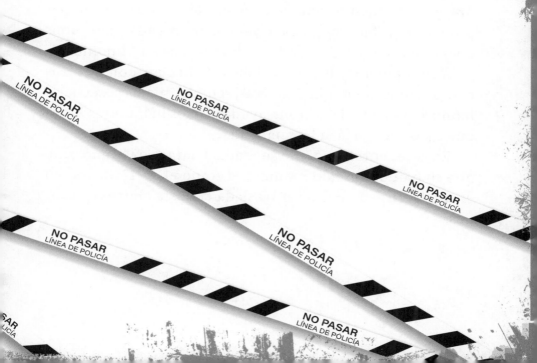

SEGUNDO CASO
DOBLE ASESINATO EN EL ROCÍO

LA LEYENDA DE LA VIRGEN DEL ROCÍO

Cuenta la leyenda que en el siglo xv un cazador (o un pastor) oriundo de Villamanrique de la Condesa observó que sus perros estaban inquietos y ladraban a través de unos matorrales de un lugar llamado La Rocina, pero no se atrevían a pasar. El hombre decidió cruzarlos por su propio pie y allí vio sobre el tronco de un árbol la preciosa talla de la Virgen, que portaba una túnica de lino blanco y verde.

El buen hombre se llevó a la Virgen para que fuera venerada en Almonte, pero de camino se durmió. Al despertar, la Virgen ya no estaba. El hombre afligido por la pena de haber perdido a la Virgen volvió sobre sus pasos y la vio en el mismo tronco del árbol donde fue encontrada. El cazador comprendió que era allí donde la Virgen quería ser venerada.

La aldea de El Rocío, situada a las orillas del Parque Nacional de Doñana, es el punto de peregrinación para venerar a la Virgen del Rocío, la Blanca Paloma o la Reina de las Marismas, quien permanece en su habitual santuario por propia voluntad según la leyenda, pero cada siete años abandona su morada y reside nueve meses en Almonte.

Antiguamente, estos traslados se hacían por diversas causas como epidemias, guerras, sequías, malas cosechas o hambre para que la patrona ayudara a los habitantes hasta que todo volviese a la normalidad.

En este sentido, no solo se realizaba una vez al año, sino que se han producido momentos como el de 1738, año en el que la Virgen llegó a ser trasladada hasta en tres ocasiones.

UNA INFIDELIDAD EN EL MERCADONA

Si me conocéis un poco, sabréis que rehúyo bastante de la fe y la veneración a Dios por diversas razones. Pero hay algo en la iconografía religiosa que me resulta casi hipnótico. Me gusta pensar que nuestros antepasados tenían que alucinar con las imágenes eclesiásticas.

El sábado 27 de abril de 2013 la parroquia que guarda a la Virgen del Rocío estaba abarrotada de gente esperando la última sabatina, misa que se hace religiosamente desde tiempos inmemoriales el último sábado de cada mes en nombre de la Virgen del Rocío. Ese día presidía el pueblo a punto de iniciar su marcha a su ermita y, mientras los asistentes cantaban los coros al ritmo del tamboril y la salve, Almonte (sin aún saberlo) se tiñó de sangre, rabia y dolor.

Pero vayamos al principio de esta historia, que es mucho más costumbrista de lo que parece. Nos trasladamos a abril de 2013.

Marianela Olmedo lleva casada con Miguel Ángel Domínguez doce años y tienen una hija de ocho, María. Marianela y Miguel Ángel sienten la más absoluta adoración por su hija, y por eso, cuando se destape toda una trama de infidelidades, ambos estarán de acuerdo en una sola cosa: proteger a María.

Los dos trabajan en el Mercadona que está situado en El Chaparral, donde también trabaja el amante de ella, Francisco Javier Medina. Llevan ya cinco años en una relación secreta, aunque ya no lo es tanto. Todos los trabajadores del supermercado saben de esta relación furtiva, en la que Miguel Ángel es el pobre marido que no se entera de nada.

Pero, esperad, que esto se retuerce aún más.

Francisco Javier Medina o Fran, que es así como lo llama todo el mundo, también tiene pareja, Raquel Rendón, con la que lleva diez años de relación y también trabaja en el mismo Mercadona. El hombre vivía en casa de sus padres mientras, según él, se estaba construyendo una casa. Durante algún tiempo las dos parejas fueron muy amigas, entre otras cosas porque Marianela y Raquel se conocían desde que eran pequeñas. Esto dio pie a largas conversaciones, que continuaron fuera del trabajo tomando una cervecita al sol con sus respectivas parejas.

Pero entre Fran y Marianela existía una atracción que no pudieron frenar. Durante las horas de trabajo, entre la sección de frutería, congelados y la cuarta gama, nacía la pasión y eso se nota, se nota mucho. Sus compañeros cuchicheaban sobre las miradas que se lanzaban entre ellos hasta que Raquel se enteró, cuando los amantes ya llevaban dos años de relación. Dos años de infidelidades que pudieron mantener gracias a sus encuentros furtivos en los pinares y un móvil de prepago. ¿Lo oís? Suena a un crimen marinándose.

Raquel se lo contó a Miguel Ángel, pero ambos decidieron continuar con su pareja. Supongo, y esto es cosecha mía, que con la promesa de abandonar la infidelidad y volver a ser una pareja como Dios manda. Duraron dos años más ambas relaciones.

Un buen romero o peregrino debe ser un hombre de los pies a la cabeza, de esos que se visten por los pies (vaya, vaya...) y con Nuestra Señora del Rocío siempre en el corazón. Y así es Fran, un hombre que proviene de una familia humilde, pero con gran fervor por la Blanca Paloma y su romería. Es más, los Medina estaban superemocionados porque dos años atrás el primo de Fran había sido nombrado Hermano Mayor de Almonte por la Hermandad Matriz de

Nuestra Señora del Rocío. Este cargo implica representar y organizar la siguiente romería, que sería en 2013, así como dirigir a las hermandades hasta la aldea de El Rocío y muchas cosas más...

Raquel estaba eufórica con que la familia de su prometido tuviera ese cargo en la siguiente romería porque eso significaba que ella también tendría un papel importante, así que ya estaba pensando en su *outfit:* iba a ser amazona.

Pero, por otra parte, había algo que la desasosegaba, pues en el fondo sabía que algo pasaba en su relación. Él estaba cada día más distante con ella, hasta que descubrió la infidelidad al mirar el móvil de su pareja y leer los mensajes que intercambiaba con Marianela. Raquel estaba destrozada y quería acabar con toda la farsa, pero Fran le dijo que la amaba y que no fue más que un desliz. Él quería que Raquel fuera su acompañante en la romería, su futura esposa y la madre de sus hijos, o eso le decía a ella, y por eso lo perdonó.

Pero este romero, este hombre de los pies a la cabeza y con la Virgen del Rocío siempre en el corazón, no estaba a lo que tenía que estar y dos años más tarde Raquel lo dejó definitivamente.

Él por fin estaba soltero y preparado para formalizar su relación con Marianela cuando ella decidiera dejar a su marido, Miguel Ángel, pero este seguía enamorado de Marianela y, aunque le dolió mucho enterarse de esta relación paralela, quería arreglarlo.

Habían estado muchos años juntos, habían pasado por mucho y los unía María, que los necesitaba a ambos. Sí, es cierto que el matrimonio hacía tiempo que había caído en la monotonía, pero Migue, que es así como lo llamaba su mujer cariñosamente, estaba dispuesto a cambiar todo lo que hiciese falta con tal de salvar la relación.

Pero Marianela no podía más y, aunque había estado viviendo con su marido en el número 3 de la avenida de los Reyes, en septiembre de 2012, siete meses antes del terrible crimen, inició los trámites de divorcio.

Miguel Ángel se sintió doblemente traicionado cuando leyó el acuerdo de divorcio porque Marianela lo quería todo: la casa, la custodia y una compensación económica. «No, no lo voy a firmar», dijo él. Puede que hubiera perdido a su mujer, pero no pensaba perder también a su hija.

Los padres de Miguel Ángel también estaban muy dolidos por la situación, e incluso su padre plantó cara a Fran en un bar al que iban los empleados del Mercadona en el descanso. Y su hermano Aníbal le retiró la palabra a su excuñada.

El 8 de abril, viendo que su todavía marido no iba a firmar el acuerdo de divorcio y que este además estaba provocando que toda la familia de él se pusiera en su contra, Marianela decide abandonar el domicilio y alquilarse un piso para vivir con su hija en la calle Cabañeros. En ese momento, Miguel Ángel y ella acordaron un régimen de visitas, que fue favorable para el padre gracias a su familia y en especial a su hermano Aníbal, que lo aconsejó en momentos tan duros.

Marianela sabía que había abandonado a un buen hombre, a un buen padre y a un buen marido. Se le partió el corazón cuando Miguel Ángel le dio las gracias por permitirle quedarse en la casa familiar. Marianela habría hecho las cosas de otra manera, pero Fran era muy celoso.

SANGRE TRAS LA ROMERÍA

El fin de semana del 26 al 28 de abril, Miguel Ángel tenía la custodia de su hija. El viernes fue a recoger a María al colegio y comieron en casa de sus padres, quienes se quedarían con la niña mientras él descansaba un rato al mediodía, ya que había trabajado esa mañana y luego la pasaría a buscar.

El sábado 27 sería algo distinto, puesto que Marianela se haría cargo de su hija. Migue le había pedido permiso con antelación para relevarse de sus tareas como progenitor unas horas. A él le gustaba aprovechar al máximo los días que tenía con su hija, pero ese fin de semana era excepcional porque Migue había organizado una comida de amigos para animar a uno de ellos, que lo estaba pasando mal. La idea era que Francisco Castañeda se sintiera arropado por sus amigos sin que se notara que estaba todo preparado.

Marianela accedió sin pensarlo. Sintió que por fin su todavía marido comenzaba a salir y hacer cosas para superar la ruptura. Aquel día madre e hija amanecieron juntas y Marianela le hizo el colacao a María, como cada mañana. Después le preparó la mochila con las mudas que iba a necesitar el tiempo que estuviera con su padre, incluyendo un vestido rosa que se quería poner esa noche. La niña estaba muy ilusionada porque sabía que Migue la iba a llevar a su pizzería favorita.

Después se fueron a comer a casa de sus padres y Marianela se tuvo que despedir de su hija, ya que ese sábado tenía turno de tarde en el Mercadona.

> Sin saber que sería la última vez, Marianela abrazó con fuerza a su hija, le dio muchos besos y le dijo «Te quiero».

Antes de incorporarse a su turno laboral, Marianela buscó a Miguel Ángel por el supermercado, pero este ya se había ido. Justo después de despedirse de su hija, pasó por una mercería para comprarle unas medias blancas para que se las pusiera esa noche con el vestido rosa que María quería llevar. Pensó que se las daría a Migue al terminar su turno de trabajo.

Él ya se había ido hacia el restaurante Los Juncos, donde se iba a celebrar la comida. Después, los dos amigos se fueron a casa de Migue para ver el fútbol mientras el resto se iba a sus casas o asistía a la sabatina. Alguna ventaja debía tener ser los solteros del grupo.

El plan era que por la tarde los abuelos de María llevaran a la niña a casa del padre, aunque la entrega se tuvo que hacer en la calle porque Almonte estaba abarrotado de gente y coches por la última sabatina antes de llevar a la Virgen a su ermita y los abuelos no pudieron aparcar.

Y fue en la calle donde los padres de Marianela le dieron a Migue el vestido rosa que María quería ponerse esa noche y que su madre le había planchado. Cuando padre e hija se reencontraron, Francisco Castañeda se marchó asegurándose de que la puerta de la calle estuviera bien cerrada.

NADA, UN SILENCIO INQUIETANTE

Con todo lo que había pasado entre Marianela, Fran, Miguel Ángel y Raquel, os podéis imaginar el ambiente laboral que se respiraba en aquel Mercadona.

El sábado 27 de abril de 2013 fue una locura. Ni cajeros ni reponedores daban abasto porque aquella noche se celebraban muchas cenas de amigos y familiares para festejar la última sabatina. Marianela entró a trabajar a las 14.00 y solo se movió de su puesto en su hora del descanso. Le resultó raro no ver a Fran, con quien compartía turno.

Como he comentado, Fran era muy celoso y más cuando sabía que a María le tocaba estar con su padre porque sabía que esos días Marianela hablaba más con Migue. Según Fran, lo correcto era que recogiera a la niña en la calle, no había necesidad alguna de subir al piso y estar con su marido a solas.

Fran entró a las 15.00 y se marchó del Mercadona dos veces durante la tarde para hacer repartos a domicilio. Luego, a la salida del trabajo, Fran llamó a Marianela para decidir qué hacer esa noche. Ella se iría enseguida a su piso y él iría a buscar algo de cenar y una película al videoclub. Ese iba a ser el plan. No se vieron en la salida del Mercadona y él no llegó a casa de Marianela hasta las 00.00. Ella llamó a Migue varias veces durante la noche, pero él no contestaba. Eso era muy raro.

Yo creo en ese sexto sentido que tenemos las personas cuando intuimos que algo ha pasado. Puede que para otro no sea nada, pero cuando tú lo sientes... eso no se puede ignorar. Ella sabía que era extremadamente raro que Migue no le devolviera las llamadas y más cuando ya se estaba acercando la medianoche. Él no estaría por la calle con su hija a esas horas. Marianela intentaba ser razonable con ese Pepito Grillo que le gritaba en su cabeza que algo muy malo podía estar pasando. Incluso habló con su hermana, que la intentó tranquilizar.

Para empeorar las cosas con el nerviosismo que ya tenía, estuvo esperando muchísimo tiempo a que Fran apareciera con la cena, tanto que Marianela se enfadó cuando llegó. Con todo este barullo mental, se durmió, y lo hizo abrazada a Fran, a pesar del mosqueo; en sus brazos encontraba consuelo.

El domingo 28 de abril de 2013 transcurrió con tranquilidad, quizá demasiada. Fran se fue sin decir nada. Marianela pasó el día con una amiga. En el fondo quedó con ella para ocupar su mente con una charla banal y así no darle más vueltas a que ni su marido ni su hija dieran señales de vida.

Aunque, eso sí, siguió llamando a Migue, pero siempre sin respuesta. Finalmente pidió a Fran que pasara con el coche por delante de la casa para ver si veía a su hija jugando en el parque o intuía movimiento a través del balcón que daba a la calle. Tampoco nada.

Eso sí, se fijó en que una de las ventanas estaba abierta, pero desde allí no se veía ni escuchaba a nadie.

Ella misma pasaría después por la casa para dejar las medias blancas que le había comprado el día anterior y un paraguas en el descansillo que había tras la puerta que daba a la calle, de la que aún tenía llaves. Ya en el rellano y con las llaves en la mano, estuvo a punto de abrir la puerta de la casa. Parecía que no había nadie en su interior, pero solo quería asegurarse para quedarse más tranquila. Pero lo pensó dos segundos y decidió que no, que esa ya no era su casa y no tenía derecho a entrar en ella.

Dado que la ventana aún seguía abierta, también dio varios gritos desde la calle para intentar que Migue o su hija la oyeran y le respondieran. Nada. La angustia cada vez pesaba más y más en el delgado cuerpo de Marianela.

El lunes 29, ella trabajó en el turno de mañana y lo agradeció porque, cuando atendía a los clientes, no tenía que pensar en nada más.

Pero, eso sí, en cuanto acabó su turno volvió a llamar a quien todavía era su marido y, de nuevo, nada. Mucho más que nada. El teléfono de Migue estaba apagado. Debió de pensar que les había pasado algo.

Marianela intentaba centrar su pensamiento en otras cuestiones más alegres mientras iba a por la merienda de su hija. El plan era que Migue recogiera a la niña del colegio, la llevara a casa y ya ella buscaría ahí a María.

Imagino que debió de pensar que su padre la habría llevado, porque era superresponsable y para él era importantísima la educación de su hija. Probablemente pensó que esa noche tendrían una conversación, ya que no era normal que no le contestara después de tantas horas.

Pero, de nuevo, nada. La casa familiar estaba igual, la ventana del comedor abierta, las medias y el paraguas en la puerta principal se podían ver desde la puerta de hierro que daba a la calle y su hija no estaba esperándola impaciente para contarle todas las cosas que había hecho ese fin de semana con su padre. Tenía tanto miedo, desesperación y rabia que se clavaba las uñas contra las palmas de las manos.

Pero, antes de dejarse llevar del todo por esos horribles sentimientos, fue hasta la casa de Lucía, la mejor amiga de su hija. Necesitaba saber, porque estaba claro que algo ocurría. Y eso que el viernes había pensado que todo eran imaginaciones suyas. Es más, cuando esa noche llamó a su hermana para contarle lo que pasaba y que estaba pensando en entrar al domicilio con su juego de llaves, fue su propia hermana quien le hizo reflexionar sobre que Migue necesitaba su espacio. Y que, pese a que él también había sido una víctima de la infidelidad, nunca había tenido una mala palabra ni para ella ni para Fran. Pero es que eso ya no eran imaginaciones suyas, algo pasaba y ella sentía que era demasiado grave.

Así, con la definición exacta de vacío en su estómago, fue hasta la casa de sus suegros. Antes de llegar, se encontró a Aníbal, el hermano de Migue, quien hacía ya una temporada que no le dirigía la palabra, pero ella esperaba que, aunque fuera por el amor que sentía por su hermano y su sobrina, la ayudara a saber qué era lo que estaba pasando.

Mientras tanto, llamó a su padre. Ya no podía más y le pidió que entrara a la casa de su todavía marido, pues ya se había acabado eso de respetar el espacio personal de cada uno, tenía que saber dónde estaba su hija, aunque lo más probable era que la casa estuviera vacía.

Lo cierto es que Marianela ya se había creado una respuesta en su mente, que, de alguna manera, le daba algo de paz. Debió de pensar que habían tenido un accidente, que estaban bien, pero había que encontrarlos lo antes posible.

EN LA CASA EN LA QUE UN DÍA HUBO AMOR, AHORA SOLO QUEDA MUERTE

El padre de Marianela llega al número 3 de la avenida de los Reyes por petición de su hija. Abre la cerradura de la puerta de hierro que da a la calle y sube las escaleras hasta la puerta principal.

Está abierta y eso no es una buena señal. El hombre siente cómo la angustia se apodera de él. Grita los nombres de su yerno y su nieta. Nada. Con cierto temor, entra muy lentamente. Pasado el recibidor, a su derecha está el comedor, vacío. A su izquierda está la cocina, también vacía. Caminando recto, llega al pasillo donde están las tres habitaciones de la casa y un baño.

Un pasillo embadurnado en sangre y señales de lucha. No ha sido una herida, no ha sido un descuido, ahí había muerte.

A su izquierda está la habitación de matrimonio con Migue en el suelo rebosando sangre. Estaba de espaldas a la puerta y su suegro le pudo ver la espalda llena de cuchilladas.

Presa del pánico, el abuelo de María corre a la habitación de la pequeña para encontrarla en el suelo parcialmente tapada, en especial la cara.

La habitación pintada de rosa, con el carrito de sus nenucos y sus peluches, contrasta con la trágica imagen de una niña de ocho años inerte en el suelo. Instintivamente le coge la mano y ya está rígida. Ya no es su María llena de vida y con una sonrisa enorme.

El hombre se atreve a destapar a su nieta. Nunca podrá borrar esa imagen de su mente. María tiene un enorme corte en el cuello, del que en algún momento salió sangre a borbotones hasta que su corazón dejó de latir. El pelito y su vestido rosa, ese que con tanta ilusión se había puesto para ir a cenar con su padre, están teñidos de rojo. Pero en el suelo no hay ningún charco de sangre.

El abuelo grita horrorizado y baja las escaleras con tanta rapidez que casi se cae.

La sospecha de que un buen padre había asesinado vilmente a su hija y luego él se había suicidado provocó una hecatombe social en ese tranquilo pueblo.

Aníbal, que estaba presente cuando Marianela llegó a la casa de sus padres, pudo ver cómo el corazón de su cuñada se rompía en mil pedazos cuando la llamaron para darle la noticia. En su interior se abrió un vacío inmenso y, como un agujero de gusano, se tragó toda la alegría que un día hubo en su vida.

Él estuvo a punto de subir al domicilio, el domicilio del horror, para saber lo que realmente había ocurrido. Pero algo lo disuadió. Esa sangría no iba a ser el último recuerdo que guardase en su memoria de su hermano y su sobrina. Quería recordarlos con ese amor que se tenían el uno al otro.

```
María, que fue una niña encanta-
dora, con carácter y decidida,
que tenía muchos amigos en su co-
legio, El Lince, y que quería ser
veterinaria, adoraba a su padre.
Y Migue a ella. Siempre deseaba
llegar a casa para ayudar a su
hija con los deberes e implicarse
en sus tareas.
```

Aprovechaba que no tenía carnet de conducir para dar paseos hasta el colegio o hacer recados mientras tenían largas conversaciones sobre cualquier cosa. No, él no había podido ser, imposible.

Prácticamente toda la familia tuvo que ser asistida en un centro de salud. Tanto dolor, rabia y vacío son insoportables.

A Marianela no le contarían cómo murió su hija. Aunque todavía faltaba mucho para averiguar cómo fue, se supo que la niña agonizó durante dos horas. Le dijeron que fue de una puñalada y que apenas se enteró de nada. Ella, por su parte, tampoco quiso indagar.

A partir de ese momento, se instaló en casa de sus padres. El trauma por haber perdido a su hija y a su todavía marido y el miedo a que el asesino apareciera de nuevo y terminara la faena acabando con ella también la tenían completamente aterrorizada.

Pero el dolor, si es junto a los tuyos, pesa un poco menos.

AQUÍ NO EXISTE LA HUMANIDAD

Hasta hoy, no sé si alguien por fin ha podido dar en el clavo de por qué nos interesan tanto los detalles de un crimen. El morbo y la curiosidad juegan un papel muy importante en este ámbito. Bajo mi punto de vista, también lo hace la sed de conocimiento de cosas que son tabú para la sociedad y por ende el saber cómo actúa un asesino y cómo se resuelve. Y, por qué no decirlo, también queremos que se haga justicia, aunque de eso, en este caso, no hay mucho.

Una vez dicho esto, puedo entender que un pueblo entero estuviera en shock por lo sucedido, pero lo que no puedo entender es la falta de empatía.

En Almonte todo el mundo creía saber lo que había pasado. Soltaban pestes de Migue alegremente. Debatían sobre la escena del crimen como si ellos hubieran estado ahí. Mientras dos familias estaban superadas por el dolor y el espanto, Fran, que no podía contactar con Marianela y que pasó delante de su domicilio con el coche y vio a los guardias civiles, decide llamar a la hermana de su amante, Chari.

Esta trabajó en el Mercadona donde Fran y Marianela se conocieron y desaprobaba por completo la relación que tenía su hermana con él y siempre apoyó a Migue. Ella, en aquel momento, vivía en Sevilla con su nuevo marido. Lo increíble de todo esto es que a Chari no la habían informado de lo que había sucedido porque estaba embarazada. Anteriormente había perdido a su primer hijo, que nació con una enfermedad neuronal. El niño tenía cero autonomía y su pronóstico era muy desfavorable. La muerte de este infante causó gran dolor en Migue, y por ello abandonó la fe por la Virgen del Rocío. Aunque tampoco es que él hubiera sido nunca un gran devoto. Por todo lo anterior, es probable que Chari se sintiera extrañada cuando recibió una llamada de Fran en su teléfono.

Fran quería saber dónde estaba su hermana y, como ella no lo sabía, fue muy insistente con que lo llamara en cuanto tuviera noticias. De esta manera, él hizo lo que la familia había querido evitar: que Chari se enterara de lo sucedido.

Por si esto no fuera ya un poco (bastante) osado, ya que él no tenía ninguna relación con Chari, Fran quiso ir además al tanatorio. Recordemos que ellos todavía no eran novios porque ella no había dado el paso, aunque él se lo recriminara cada día. Como ya os había contado, Fran era tremendamente celoso.

El hombre se enfadaba:

- Si Marianela se reía o hablaba más tiempo del que él creía conveniente. ¿Qué unidad de tiempo es esa? No lo sabemos.
- Si no lo llamaba frecuentemente. Tenía que ser el primero al que llamara durante la hora de descanso en el trabajo.
- Si hablaba con Migue. Él despreciaba públicamente a Raquel, su expareja, y pretendía que ella hiciera lo mismo con su todavía marido.
- También si se preocupaba por su hija porque él creía que la protegía demasiado.
- Si vestía con un escote poco apropiado (según él) o tenía la falda muy corta.
- Y, sobre todo, porque ella no fuera tan devota de la Virgen del Rocío como él deseaba.

Además, quería ir al tanatorio para darle el pésame en persona a Marianela. Pero ni la familia de ella ni la de Migue soportaban a Fran.

Simplemente no era el momento. Sentían que él había roto una familia y además se jactaba de ello. El tanatorio estaba destinado a un momento de dolor y unión de la familia. Pero él siempre quería ser el protagonista.

LLEGA LA UCO

Mientras tanto, en el pueblo todo el mundo aseguraba que había sido un parricidio y que la escena del crimen era espantosa. Y en eso sí que tenían razón. La Guardia Civil directamente se puso en contacto con la Unidad Central Operativa (UCO).

¿Y qué es la UCO?

Una unidad de élite dentro de la Guardia Civil con base en Madrid, aunque se traslada a cualquier parte del territorio español. Se creó en el año 1987 con el fin de localizar organizaciones o tramas criminales, así como investigar homicidios, delitos como el crimen organizado, corrupción, robos, homicidios, rastrear mafias de trata de personas, redes de narcotráfico, robos del patrimonio histórico, arqueológico y subacuático y fraudes.

Los especialistas de la UCO y del equipo central de inspecciones oculares llegaron doce horas más tarde y, tras tres horas, se procedería al levantamiento de los cadáveres.

Y os explico cómo es el protocolo del levantamiento del cadáver:

- El médico forense es el último de los profesionales en entrar en la escena y el único capacitado para manipular el cuerpo.
- Previamente, los agentes han observado el cuerpo, así como iniciado el reportaje fotográfico. Todos han de llevar el equipo de protección para evitar contaminar la escena. En este punto os adelanto que hubo por lo menos tres personas que entraron en la escena del crimen.
- El forense en el lugar de los hechos hace un primer examen tanatológico; en el cadáver se observan los

signos externos que pueden ayudar a determinar los datos de muerte, como las livideces, la rigidez o la temperatura.

- También en el lugar se realiza un examen traumato-lógico, que es con el que buscan lesiones o heridas que puedan observarse a simple vista. Solo después de ese examen *in situ* se autoriza a que se lleve el cadáver al instituto anatómico forense.
- Con estos datos, se puede tener una primera idea de lo ocurrido, aunque la confirmación oficial se hará en el instituto anatómico forense, en este caso, el de Huelva.
- Para llevar a cabo este traslado, se tiene que proteger debidamente el cuerpo de la víctima, con especial cuidado de las manos, donde puede haber ADN o restos biológicos debajo de las uñas, en el caso de que se haya defendido. Lo mismo ocurre con la zona perianal, donde puede haber fluidos tras una agresión sexual.
- Después se introduce el cuerpo con sumo cuidado en una bolsa para cadáveres y se traslada a la morgue.

El análisis forense reveló que este horrible crimen no fue un parricidio. Miguel Ángel no se suicidó; por lo tanto, fue un asesinato. Esto lo supieron el día 30 de mayo a las 08.00 las familias de las víctimas. Pero, aun así, aquella mañana, los periódicos en Almonte publicaron en primera plana que el pueblo estaba de luto porque un padre había acabado vilmente con la vida de su hija de ocho años y luego se suicidó.

No contrastaron la información. ¿Habéis escuchado vosotros alguna disculpa por parte de estos periodistas? Yo tampoco.

Por otro lado, la escena del crimen revelaría muchas cosas. Ya hemos dicho que era una auténtica piscina de sangre. La intención era clara: matar.

Las puertas no estaban forzadas:

- La casa era una construcción de dos plantas. La superior correspondía a la casa familiar y la inferior estaba ocupada por el pub The Cavern, con acceso directo desde la calle. Para acceder al domicilio, había que traspasar una puerta de hierro forjado con un cristal y subir unas escaleras que llevaban hasta el domicilio, donde había una segunda puerta.
- No había sido un robo ni un asalto sexual.

Había huellas:

- Las huellas de unas deportivas estaban por toda la casa y se entremezclaban con la gran cantidad de sangre.
- Se cree que el asesino conocía la casa. No hay titubeos en sus pisadas. Son firmes, sabe a dónde va porque no entra en todas las habitaciones.
- No hay huellas dactilares del asesino, pero hay marcas de guantes. Esto indica planificación.

El primero en ser atacado fue Migue:

- El hombre estaba saliendo de la ducha. Aún no se había secado ni vestido.
- Recibió varias estocadas que no eran de gravedad, seguramente porque esquivaba las cuchilladas. En un intento por defenderse, puso las manos delante del cuchillo que esgrimía su asesino y al instante perdió un dedo casi por completo. Recibió una primera puñalada certera por la espalda, que le seccio-

nó la arteria aorta, siendo esta puñalada mortal de necesidad.

- La hoja volvió a introducirse por las cervicales, seccionando la tráquea y el pulmón en un ángulo descendente. Todo esto provocó multitud de salpicaduras por toda la estancia.
- A pesar de estar herido de muerte, Migue se defendió. Se encaró con el asesino, ya que tenía heridas defensivas en las manos, recibiendo así otra cuchillada, que entró por el pecho.

La muerte en aquellos momentos fue inminente, pero el asesino continuó. Migue fue apuñalado quince veces, aunque tuvo cuarenta y siete heridas en su cuerpo entre defensivas e intentos de puñaladas. Con las tres primeras cuchilladas, Migue ya estaba muy debilitado y desangrándose; por lo tanto, las doce restantes fueron un ensañamiento claro.

- Hay dudas respecto a si fue asesinado en la habitación o en el pasillo. Lo que sí se conoce es que lo arrastró el asesino hacia la habitación y lo sabemos por la marca en forma de arrastre que dejaron los dedos entre tanta sangre.

- Esto podría ser debido a que Migue se escondió en la habitación y luego, con el hilo de vida que le quedaba, intentó arrastrarse hacia la salida, donde el asesino lo remató. Otra posibilidad es que muriera en el pasillo y el asesino lo arrastrara hacia la habitación.

El asesino marcó a Migue con una X en la espalda, que puede significar:
- Victoria (he llevado a cabo mi cometido).
- Tachado (te he matado).
- Que Dios se apiade de ti.

María intentó proteger a su padre con su vida:
- Como he dicho antes, la niña, de tan solo ocho años, llevaba el vestido rosa que había escogido para ir a cenar con su padre. Probablemente estaba jugando con la consola en su habitación mientras lo esperaba cuando lo escuchó chillar y corrió en su ayuda y recibió varias puñaladas por parte del asesino.
- Tenía muchas heridas de esta índole. No puedo dejar de pensar en que una niña de ocho años defendió con uñas y dientes a su padre, a pesar del dolor de esas heridas y de la impresión de la escena que estaba viviendo, acompañado de un profundo terror.
- Ella podría haber huido hacia la azotea y pedir ayuda (esta se encontraba detrás de la cocina) o correr escaleras abajo hacia la calle. Pero su instinto respondió protegiendo a su padre.
- Cuando comprendió que no podía hacer nada solo con sus manos, fue hasta la cocina y cogió un cuchillo de mango verde para defenderse y se encerró en la habitación, esperando su triste final.

- En algún momento, María intentó huir, ya que había un manojo de pelos en el suelo que eran de la niña y que podía corresponder a que el asesino la agarrara del pelo para que no se marchara.
- El asesino remató la faena con un corte en el cuello y unas cuantas puñaladas más, pero la niña ya tenía en su cuerpo más de cien heridas, en su gran mayoría defensivas. María tardó dos horas en desangrarse en silencio, sola. Estaba en el suelo y se cree que la movieron porque la cama estaba empapada en sangre y el suelo no tanto. Y el cuchillo que cogió de la cocina para defenderse estaba entre la cama y la mesita.
- Después, en un acto de humanidad, el asesino cubrió a María con una manta. Esto indica vergüenza, probablemente el asesino conocía a la niña.

Puñaladas *post mortem:*
- María tenía algunas puñaladas *post mortem* en la pierna, igual que la cruz que tenía su padre en la espalda. Las suyas corresponden con una comprobación de si la niña estaba muerta o no.

El crimen estaba cargado de rabia:
- Ya hemos visto que las huellas del asesino son claras, no titubea al caminar, sabe a dónde ir. También hemos observado una saña que denota una profunda rabia.
- Entendemos que el asesino conocía a las víctimas.
- Así que, con todo esto, suponemos que este es un crimen de índole pasional. El asesino descargó toda su rabia contra las víctimas incluso cuando ya no era necesario.

El asesino se aseó y limpió el cuchillo en el baño del pasillo:

- En ese baño se encontraría una toalla con una mancha de sangre bastante grande, que es por contacto. No se derramó sangre sobre ella, pero sí que se limpió con ella.

Respecto al arma del crimen:

- Se baraja la posibilidad de que sea un cuchillo jamonero o un cuchillo fileteador.
- El cuchillo jamonero no acaba en punta y es más flexible. Con este es más complicado hacer la X que Migue tenía en la espalda. Con el fileteador sería más fácil porque acaba en punta.
- En un principio el arma del crimen no se encontró... Más adelante contaré por qué digo «en un principio».

EL DOLOR DE LA AUSENCIA

Un acto de estas dimensiones deja un vacío en el pecho a todo el mundo. Nunca será comparable lo que sintió Marianela con lo que sentiría un simple vecino, pero la empatía ayuda a que, por un momento, antes de continuar con nuestras vidas, nos pongamos en la piel de la familia. No queda espacio para la risa ni para la esperanza ni el consuelo.

Marianela buscó ayuda en una asociación llamada Alma y Vida, especializada en el duelo por la pérdida de un hijo. Paco Macho, el director de esta asociación, cuenta que cuando hay una pérdida repentina de un hijo el progenitor está anestesiado por el dolor y el shock inicial. Cuando la sociedad, amigos, familiares y allegados sienten que ya es hora de pasar página, el progenitor aterriza y es consciente de la pérdida. Pero esta vez sin ese «colchón» del shock inicial que nos deja aletargados.

Así pues, llega el peor momento para los padres.

Marianela nunca se reincorporó al trabajo. Sufría un estado de shock muy potente, tenía fuertes contracturas por los nervios, temblores en las manos, pérdidas de memoria y muchas pesadillas. Además, tenía muchísimo miedo por si el asesino volvía a por ella.

Tanto que, a pesar de que sus padres no querían ni ver a Fran, permitieron que el hombre se instalara en casa con ellos para que Marianela no pasara miedo por las noches.

Fran también pidió la baja por depresión y ansiedad. Según le contó a su médico, no paraba de llorar. Acababa de hacer oficial su relación con la mujer de su vida en el mismo momento en que la felicidad había abandonado su cuerpo para siempre.

¿Cómo se supera esto?

Él intentaba que Marianela saliese a dar algún paseo o que buscara consuelo en la Virgen del Rocío, pero ella literalmente quería en todo momento reunirse con su hija en el cielo.

Los compañeros de trabajo del Mercadona también estaban rotos. Ellos trataban cada día con Migue y todos decían que era una persona excepcional, buen compañero, trabajador y que incluso cuando se descubrió la infidelidad por parte de Marianela con Fran se cambió el turno para no coincidir con Fran, pero nunca tuvo una mala palabra hacia él.

LAS CARTAS YA ESTÁN SOBRE LA MESA

Cuando por fin los almonteños comprendieron que el terrible crimen no era un parricidio, ellos lo tuvieron claro. El asesino era un inmigrante porque un almonteño no pudo ser.

Había muchos inmigrantes en el pueblo que trabajaban en el campo desempeñando funciones que, en un momento de bonanza, los autóctonos no querían hacer. Y entonces, que las cosas no iban tan bien, se quejaban porque los inmigrantes les habían quitado el trabajo. Todo esto se volvió aún más turbio cuando en los días posteriores al doble asesinato un grupo de rumanos cometió un robo.

A partir de ese momento, se iniciaron varias manifestaciones no autorizadas pidiendo justicia para las víctimas. En las calles ya no había niños jugando y se dispararon las obras de construcción de vallas en las fincas que daban directamente a la calle.

Cabe señalar que en la finca de al lado vivía una familia ecuatoriana. Quizá por ese miedo que se tenía a los inmigrantes o porque no querían meterse en líos, los vecinos declararon no oír nada. Era completamente imposible, dado que el anterior inquilino aseguró que se oían incluso las toses de la familia de Marianela y Migue.

Así que la policía no les cree, pero sí que los hace sospechosos al menos de esconder algo. Piensan que puede ser un asesino que se haya equivocado de víctima, aunque son conscientes de que es algo muy concreto y el hecho de que taparan la carita de María hacía que esta hipótesis se desmoronara.

La gente que estaba en el pub The Cavern tampoco escuchó nada. Todo el mundo estaba viendo el mismo partido de fútbol que empezaron a ver Castañeda y Migue, como cada sábado que había clases de baile. Se habló con el dueño del pub, Juan Pablo Aragón, pero él ni siquiera estaba en Almonte cuando sucedieron los hechos.

También se investigó a un chico llamado Mohamed, que la noche de los hechos llegó al centro médico con un profundo corte en la mano, que le seccionó incluso tendones. Cuando se empuña un cuchillo para tales actos, es frecuente hacerse cortes, ya que la sangre es viscosa y al apuñalar la mano se resbala hacia delante. Pero Mohamed se hirió con una botella en un parque y todo fue totalmente demostrable. He de admitir que siempre me ha dado un pánico total ese tipo de cosas, que un hecho o un accidente que te sucedan puedan estar de repente directamente relacionados con un crimen sin que tú lo sepas.

Entretanto, se celebró el funeral, que fue multitudinario, donde se arropó tanto a los familiares de las víctimas como a Marianela, que perdió el conocimiento por no poder digerir tanto dolor.

Ambas familias querían incinerar los cuerpos, además de que esa siempre había sido la voluntad de Migue, pero en España no se puede incinerar a las víctimas de homicidio hasta que no transcurren cinco años, por si se tiene que hacer una exhumación.

Los agentes de la UCO miraron el caso con perspectiva. Realmente no tenían nada, pero, si lo observaban como un mapa conceptual de esos que vemos en las películas tipo *Seven*, Marianela era el centro neurálgico de todo ese galimatías.

Sin ningún atisbo de duda, estaba absolutamente rota. Los investigadores no creían que fuera ella la asesina, pero pensaron que quizá tenía que ver de alguna forma indirecta.

CUANDO ENTRAMOS EN EL SUBMUNDO DEL MERCADONA

El día del doble asesinato, a Marianela la captaron las cámaras en varias ocasiones en la línea de cajas. Ella explicaría que salió a la vez que Fran del supermercado, pero no juntos, y que cada uno se fue en dirección a su coche, desde donde él la llamaría para decidir qué hacían aquella noche.

A él se lo vio en un par de ocasiones a través de las cámaras en la zona de cajas, a las 20.01 pasó por donde estaba Marianela, que permaneció toda la jornada laboral ahí, y le entregó algo. Antes de eso, fue a hacer un reparto. A las 21.01 se lo volvió a ver en la zona de cajas.

Pero, mientras que a Marianela sí se la vio salir alrededor de las 22.00, a Fran no. Además, el encargado no pudo darle las llaves a él en el momento de la salida para que abriera el lunes la tienda, ya que le tocaba el turno de mañana. A las 22.15, ya desde la calle, este encargado tuvo que llamarlo para que se pasara a buscarlas. Aunque pasó a recogerlas después, no salió del supermercado con el resto del grupo, ya que nadie lo vio después de las 21.01.

Él dijo que era porque estuvo en zonas de la tienda donde no hay cámaras.

EL ARMA DEL CRIMEN

Os tengo que hablar del arma del crimen ahora porque nunca se encontró, pero en el Mercadona del que estamos hablando sucedió una cosa... que, de verdad, me hace perder la fe en la humanidad.

Al parecer, poco después de los crímenes, apareció en el lavabo de los empleados un cuchillo de grandes dimensiones. Con todas las empleadas todavía conmocionadas por lo ocurrido y cuchicheando entre ellas, decidieron que no iban a avisar a la policía de que había un cuchillo del que desconocían la procedencia. Mejor callarse, no fuese a ser que se metieran en un lío. Un buen día, ese cuchillo acabó apareciendo en la sala de meriendas y, con él, se estuvieron haciendo bocadillos los empleados...

Evidentemente las trabajadoras vieron el cuchillo y tampoco dijeron nada porque, total, ya estaba contaminado. Eso se supo muchos años más tarde, cuando en el Mercadona se llevó a cabo esa reforma tan brutal que se hizo prácticamente en todos los supermercados, gracias al testimonio de una de las trabajadoras. Es obvio que ese cuchillo no tenía por qué ser el arma del crimen. Pero podría haberlo sido. Cuando se enteraron de esto, los oficiales a cargo de la investigación se llevaron las manos a la cabeza...

Tiempo más tarde, un pintor vio un cuchillo de grandes dimensiones tirado en una alcantarilla. No se llegó a saber si se trataba del mismo arma. Llamó a la Guardia Civil explicando que podía ser el cuchillo con el que se acabó con la vida de Miguel Ángel y su hija María. Pero el agente dijo que no tenía nada que ver y ni siquiera fue a comprobar cómo era el cuchillo, tampoco avisó a la UCO...

Os juro que a veces pienso que este tipo de cosas son leyendas urbanas, pero no, no.

La Policía se quedó con el cuchillo y lo guardaron en una taquilla durante dos años.

Ya os adelanto que este cuchillo no resultó ser el arma del crimen, o eso arrojó la investigación...

VUELTA AL QUE UN DÍA FUE UN HOGAR

Se rumoreaba que los almonteños no querían ayudar, ya que les costaba creer que hubiera sido alguien del pueblo. Decían cosas contradictorias e incluso mentían. Deseaban que se detuviese a una persona ya, pero a su vez percibían a los investigadores como una amenaza.

Así que los investigadores sin hilos de donde tirar decidieron hacer una segunda inspección de la casa. Para ello contaron con la ayuda de Marianela, a quien le costaría muchísimo ir al lugar donde asesinaron vilmente a su hija y marido y tendría que ser acompañada por una amiga suya. Esta amiga tuvo un papel muy importante en todo esto porque fue la que supervisó la limpieza que se hizo en la casa. Como la escena del crimen había sido tan sangrienta, se tuvo que llamar a una empresa para que limpiara y se deshiciera del olor a muerte. Este tipo de empresas existen y se las llama empresas de limpiezas traumáticas. Semanas después de que se llevara a cabo este tipo de limpieza, fue cuando Marianela acudió para ayudar a la policía a ver si echaba en falta algo.

Faltaba un cuchillo con mango verde, una chaqueta de Migue y las llaves de la casa. El agente de policía le explicó a Marianela que el cuchillo verde lo tenían ellos, es el que había usado la pequeña María para defenderse.

En ese momento, el agente vio cómo la cara de Marianela se descompuso y rompió a llorar a mares. Le habían mentido desde el primer momento.

Mientras tanto, pasaron los días y desde el laboratorio ya tenían los primeros resultados de las muestras encontradas en la casa. Se habían tomado muestras de las toallas, de la colcha, de la cama, de la niña y de la manta que le tapaba la carita.

En las víctimas no había ADN alguno aparte del propio, pero en las toallas se encontró ADN de un varón desconocido. Por fin había algo de esperanza de poder encontrar al asesino. La jueza a cargo del caso autorizó la recogida de muestras de varones que pudieran estar relacionados con el crimen: Aníbal, el padre de Migue, el padre de Marianela, Fran, Castañeda, el amigo que estuvo con Migue viendo el fútbol y otros tantos hombres darían voluntariamente su ADN.

Y por fin tuvieron un nombre.

UN DETENIDO: EL ALMONTEÑO DEVOTO

¿Os acordáis de la familia ecuatoriana vecina de la casa donde ocurrieron los crímenes?

Los agentes estaban en lo cierto y oyeron perfectamente lo que ocurrió esa noche.

Tuvieron que pincharles los teléfonos y escuchar sus conversaciones durante horas para comprender que esa familia estaba mareando a la policía. Entre ellos se animaban a callar o a dar respuestas vagas. Con esa evidencia pudieron hacerles hablar bajo amenaza, ya que estaban cometiendo un delito de obstrucción en una investigación.

La familia finalmente accedió a ayudar a los agentes. No habían querido hablar porque sentían que el pueblo los odiaba y que se podrían meter en líos.

Los que más ayudaron en la investigación fueron los hijos del matrimonio. Fredy, el mayor, estaba en la azotea hablando con su novia. Estaba hablando con ella cuando el teléfono dejó de dar señal, así que pensó que se habría quedado sin batería y llamó a la mejor amiga de su novia porque probablemente estarían juntas, y resultó ser así. Sin embargo, justo cuando él comenzaba la llamada, se inició la pelea.

Hay que señalar que Fredy oyó esta discusión desde arriba. La casa de esta familia tiene la misma estructura que la de Migue. Fredy expresó que dio la sensación de que el edificio se iba a caer por la brutalidad de la pelea. No pudo recordar una conversación clara, pero sí muchos insultos y frases hirientes.

Dijo oír gemidos de dolor y rugidos de rabia. Fue muy impactante, pero la pelea duró muy poco tiempo. Y también dijo escuchar la voz de una niña que decía: «No, por favor» repetidas veces y, luego, silencio. Oyó unos pasos, pero poco más.

Evidentemente, lo que oyó este chico encajaba a la perfección con la pelea ocurrida en esa casa. Por suerte, si es que se puede decir así, la policía tenía la llamada de Fredy como referencia para la hora en la que comenzó la discusión. No hay consenso con la hora de inicio y final, pero a las 21.45 se estaba marchando Castañeda del piso, así que no es posible. Dayse, de hecho, manda el mensaje a las 22.03.

Esto, además, sería corroborado por la hermana de Fredy, Dayse Maribel, que estaba en su habitación cuando empezó la pelea. Justo antes había estado hablando por teléfono con su novio porque iban a salir. Ya había colgado la llamada, pero le mandó unos mensajes porque estaba flipando por los gritos que oía. Ella sí que estaba en el interior de la casa, pared con pared, y lo oyó todo mucho más fuerte. Sobre todo, destacó los gritos de la niña diciendo: «No, papi, no» y «Parad, parad».

El último mensaje que le mandó a su novio en referencia a estos gritos fue a las 22.04, dos minutos más tarde de la hora en la que su hermano colgó el teléfono. Ella, además, mostró directamente los mensajes a la policía y dijo que la pelea comenzó a las 21.52, más o menos.

Las versiones de Fredy y de Dayse Maribel concuerdan; además, ambos sostienen que los últimos gritos fueron los de la niña.

¿Os acordáis de las huellas que había repartidas por toda la casa?

Pertenecían a un modelo concreto de Nike cuya suela no estaba desgastada y además, después de varias pruebas, se descubrió que al asesino le quedaban grandes.

En el baño donde se inició el ataque había un juego de tres toallas. Y una de ellas estaba manchada de sangre.

Pues esa en concreto solo tenía la sangre de las víctimas, pero las otras contenían el perfil genético de Migue y María, aunque también el de Marianela y el de Fran.

Además, el hecho de que las cámaras del Mercadona no lo captaran a partir de las 21.01 adquirió un nuevo significado.

El perfil genético de Fran en las toallas estaba en la misma proporción que el de Migue... Pero es que era la casa de Migue. Y ¿os acordáis de que Marianela recordaba que Fran había salido del Mercadona a la vez que ella, pero en distintos grupos?

En una segunda declaración hecha el 18 de junio de 2014, ya no lo tiene tan claro. Para los investigadores, es muy importante aprovechar los primeros recuerdos porque son los más, digamos, auténticos. A medida que pasan las horas, nuestro cerebro barre y rellena los vacíos que se crean en nuestra memoria con recuerdos inventados. Es algo que nos pasa a todos, pero ahora a eso hay que sumarle tener el trauma de haber perdido a tu marido y a tu hija de una forma tan brutal.

Los vacíos que tenía Marianela en su mente eran exagerados, y a raíz de que la policía comenzó a considerar sospechoso a Fran y se le pide a ella que vuelva a recordar todo lo que hizo ese fatídico día 27 de abril de 2013... tiene dudas.

Los agentes de la UCO entrevistaron a todas las personas que tenían que ver con el Mercadona. Tanto a los propios trabajadores como a sus parejas, primos, vecinos, etc. Entre ellos, entrevistaron al marido de Manoli, una de las mejores amigas de Marianela, que también trabajaba en el Mercadona. Cuando esta segunda tanda de interrogatorios comenzó y su mujer fue llamada a declarar, de repente él recordó algo.

A su marido lo llaman el Magro y el día de los hechos iba a caballo con su amigo el Poti (sí, aquí todos tienen motes). Había mucha actividad en la calle porque era la última sabatina, y además iba a vender una yegua. En Almonte los caballos son muy apreciados para hacer la romería.

Eran más o menos las 21.00 cuando vieron a Fran en su coche y no con la furgoneta de reparto del Mercadona. El Poti confirma cada una de las palabras que dice el Magro. También contó que por la tarde-noche fueron a tomar algo en un bar los dos amigos y allí se encontrarían con un intermediario (una persona que interactúa entre clientes y gente que vende caballos) que estaba buscando un caballo para sus clientes. El Magro le dijo que tenía una yegua que encajaba con lo que el cliente estaba buscando y quedaron con este pasado El Chaparral sobre las 21.00.

Cuando Fran se encontró con ellos, les dijo algo similar a que se iban a beber hasta el agua de los floreros por ser la última sabatina, pero con otras palabras.

Como ninguno de los dos supo definir la hora exacta a la que vieron a Francisco Javier Medina, utilizan como referencia la hora en la que el intermediario llamó al cliente. Al solar llegó primero el intermediario y después el Magro y el Poti. En ese momento fue cuando el intermediario llamó al cliente para preguntar dónde estaba y cuánto le faltaba porque los vendedores ya habían llegado. Esa llamada se efectuó a las 21.09. Y, a su vez, ese solar estaba a unos veinte minutos a caballo de donde se encontraron con Medina. Por esta regla de tres, el Magro y el Poti vieron a Medina sobre las 21.10. Y sabemos que a las 21.01 las cámaras captaron a Francisco Javier Medina en el Mercadona, con lo que a su vez se confirmó que podía salir del Mercadona sin que lo vieran por la zona de carga y descarga.

Con todo esto, amigos, tenemos una línea de tiempo, que es como lo llaman. Y se ha establecido esta línea de tiempo para Francisco Javier Medina. Así que el 24 de abril de 2014 es detenido a la salida de su jornada laboral en el Mercadona. Qué faena que te detengan ahí delante de todo el mundo y qué putada que sea después de haber trabajado... Es como cuando te despiden después de haber hecho tu jornada laboral.

Pero pongámonos serios. El hecho de que el asesino trabaje en el Mercadona encaja a la perfección. En el supermercado utilizan uniforme, así como un EPI. Los EPI son dispositivos para proteger a los trabajadores de riesgos laborales que pueden afectar a su salud o seguridad. En este caso, cuentan con unos guantes con unas bolitas de goma que son antideslizantes, unas botas con puntera de hierro para que, si se te cae algo, no te quedes sin pie. También tienen unos delantales de plástico, que se utilizan sobre todo en pescadería y que evitan que te mojes por completo. Fran debía tener un delantal, pero en el Mercadona no estaba. Ni en su taquilla ni en su casa (o sea, en casa de sus padres) ni en ningún lugar lógico donde la policía buscó.

Lo que sí encontraron en su casa fue calzado suyo, de la talla 42. Eso sería sumamente interesante porque las huellas halladas en la escena del crimen eran de la talla 44.

Como hemos dicho, tras un análisis, se descubrió que, por la forma en la que estaban hechas esas huellas, se notaba que la persona no aplicaba el peso en toda la suela. Este se concentró sobre todo en la zona del medio, dejando claro que esas zapatillas le quedaban grandes. El asesino usó unas deportivas que no eran de su talla con la intención de despistar a la policía.

Por cierto, ¿recordáis que os he dicho que el EPI del Mercadona incluía unos guantes con unas bolitas de silicona en la palma de la mano que eran antideslizantes? Se encontró un patrón igual en la escena del crimen. En el lugar de trabajo faltaban varias cosas: el mandil de pescadero y unos guantes, que quizá se utilizaron para evitar mancharse mientras cometía el crimen.

ÉL NO, AGENTE

A mi parecer, Francisco tenía una actitud como de torero. Siempre con la cabeza bien alta e incluso gritando a los medios de comunicación que la justicia estaba equivocada, que él no era culpable. Y es que los almonteños decían lo mismo.

¿Cómo un hombre que se mete debajo de la Virgen, un hombre que lo da todo por Nuestra Señora iba a hacer algo así? Pero desde el juzgado se decretó su ingreso en prisión sin fianza.

Lo curioso es observar cómo el pueblo se manifestó a favor de Francisco Javier Medina con pancartas, con mensajes en Facebook, en las conversaciones cotidianas... Sin embargo, esto generaría una oleada de odio hacia Marianela. No acabo de entender demasiado bien la correlación de por qué atacar a la una y defender al otro.

Pero, básicamente, la atacaban porque ella era la culpable (según ellos, claro) de que Fran estuviera en la situación en la que se encontraba porque ella decidió dejar a su marido para estar con él. Supongo que él no hizo nada, ¿no?

Esto provocó que Marianela se derrumbase aún más, si es que era posible. Según su psicóloga y psiquiatra, la mujer tenía un alto riesgo de suicidio. Siempre que recordaba a su hija decía que quería estar con ella en el cielo. Y encima detuvieron a su pareja, que había sido su pilar hasta ese momento. Cuando detuvieron a Fran, sintió que se habían equivocado y que ese calvario no iba a acabar nunca.

Pero, a medida que pasaron las horas y los días y la policía la hacía pensar en situaciones que no se había planteado, algo dentro de su cabeza comenzó a cambiar. Ella misma sabía que no era normal que su marido no le devolviera las llamadas... Lo que la policía no entendía es que ella se acababa de marchar de casa después de que su marido aguantase dos años de infidelidades. Merecía tener su intimidad.

Finalmente, los agentes se dieron cuenta de que Marianela era la única que decía haber visto a Fran salir del Mercadona con el grupo de trabajadores. Quiero reiterarme en que esta mujer tenía la mente completamente apagada. Tomaba una medicación muy fuerte para poder sobrellevar toda la carga emocional que supone una pérdida tan traumática como la suya.

Por cierto, como apunte os contaré que el bueno de Fran, ese hombre tan comprensivo, la convenció de que tuvieran un hijo juntos. Marianela, cuando afrontó toda esa situación, se negó por completo a tener más hijos. Pero su novio insistió en que así podrían comenzar de nuevo y empezaron a intentarlo. Marianela contaría que el sentimiento de culpa era muy grande. Por una parte, sabía que debía pasar página, pero en su fuero interno tenía claro que esa no era la manera. Además de intentar quedarse embarazada, debía dejar de tomar gran parte de la medicación, cosa que la desestabilizaba todavía más.

Los agentes de la UCO sintieron que tenían suficientes pruebas e indicios para inculpar a Medina, pero la declaración de Marianela con respecto a que Fran sí que salió con ella del Mercadona hacía que todo se derrumbase. Y, como llegó un momento en que empezó a dudar de sí misma, utilizaron la ayuda de un psicólogo experto en visualización.

En noviembre de 2014, Marianela se daría cuenta de que no salió con Francisco Javier Medina y lo supo porque recordó haber saludado al encargado. Le deseó que pasara un buen fin de semana. Algo normal, ¿no? Pues no, porque

Marianela, siempre que estaba Fran presente, evitaba hablar o saludar a cualquier hombre, ya que él era muy celoso. Así que es imposible que ella saludara a un hombre delante de él. Prefería evitarlo con tal de no discutir. Por lo que esto reafirma su idea de que salió con más gente, pero que él no estaba en ese grupo.

EL RASTRO DEL PERRO

Recapitulando, ¿cuáles son los indicios que apuntaban a su culpabilidad?

- Fran estuvo ausente en las cámaras de seguridad desde las 21.01 en adelante.
- No salió con todo el grupo de trabajadores esa noche.
- El encargado no lo vio al salir, así que no pudo darle las llaves para que abriera el supermercado el lunes por la mañana y lo tuvo que llamar para que pasara a buscarlas.
- A las 21.10, aproximadamente, dos testigos lo vieron en su coche (un Volkswagen blanco).
- Sobre este indicio, Fran confirmaría que sí que vio a los testigos, pero más tarde, a la salida del trabajo.
- Faltaba un delantal de pescadería (o sea, impermeable) que podría ser el de Fran y no se encontró por ninguna parte.
- El acusado tenía una talla 42 de calzado, que encajaría perfectamente con el que tendría el asesino, según las huellas en la escena del crimen. Hay que tener en cuenta que se sabe que el asesino llevaba un calzado dos tallas mayor.
- Se encontró material genético en las toallas del baño, donde se inició el ataque en la escena del crimen.
- Eran las toallas de cuerpo y de manos que no estaban manchadas con sangre y que estaban colgadas. Faltaría averiguar si este material genético estaba en estas toallas por transferencia directa o cruzada.

Bien, además de todas estas pruebas e indicios, a finales del año 2014 se lleva a la casa donde sucedió el crimen un perro entrenado para encontrar rastros de semen y sangre.

La idea es que detecte sangre en el coche de Fran, y vaya si la detecta.

Primero lo llevan a la casa donde sucedieron los crímenes y el can marca que ahí hay o ha habido sangre. Es superfuerte, porque estamos hablando de un año y medio tras los crímenes y con una limpieza intensiva de por medio.

Después llevan al animal a una calle que está llena de coches y se para delante de un Volkswagen blanco. El coche de Medina. Esta prueba se repitió cinco veces, y el perro marcó el mismo lugar cinco veces.

El problema es que no había material genético como para extraer nada del punto donde marcaba el can. Pero los agentes no desconfían de las capacidades de ese perro, precisamente al contrario. Según para lo que hayan sido adiestrados, los perros son capaces de encontrar rastros cuando ya apenas queda alguno, tal y como demostró el propio animal en el piso donde tuvo lugar el terrible crimen.

Y, con todo esto, nos vamos a los juicios. Os recomiendo que vayáis a por un vasito de agua porque…, bueno, no os voy a desvelar nada.

PERO, PRIMERO, UNA CLASE MAESTRA SOBRE CONTAMINACIÓN CRUZADA

¿Alguna vez habéis trabajado en alimentación? ¿O en manipulación de alimentos? Yo sí, fui charcutera... La peor charcutera de Cataluña, de España o del mundo, si me apuráis. En realidad, trabajaba en un supermercado y me obligaban a ocupar ese puesto.

¿Por qué os cuento esto? Cuando trabajas en alimentación, te tienes que sacar un carnet de manipulación de alimentos. Allí te enseñan, por ejemplo, que no puedes mezclar los embutidos con la carne en el caso de que haya charcutería y carnicería. Tampoco embutidos con queso ni embutidos cocidos con embutidos curados.

Bien, este tipo de contaminaciones pueden ser de dos tipos:

- Si cortas con un cuchillo un queso (un Idiazábal, por ejemplo) y después cortas un chorizo, el chorizo va a estar contaminado por el queso. Contaminación indirecta.
- Si soy tan desastrosa que junto un jamón dulce con un salchichón sin ponerles ningún tipo de plástico protector es contaminación directa.

Cambiemos el término de «contaminación» por «transferencia».

Si lo extrapolamos al caso, nos encontramos con dos toallas donde se encuentra el ADN y material genético de Francisco Javier Medina. En estas toallas, este material genético está mezclado con el de Marianela. Ellos dos eran amantes desde hacía ya bastantes años, cuando Marianela aún vivía en el domicilio familiar con Miguel Ángel y su hija. Es comprensible entonces que, si Marianela tenía relaciones sexuales o simplemente le daba un abrazo a Francisco Javier, él le dejaba su ADN, que luego ella al lavarse dejaba en la toalla.

El problema viene cuando en una de las toallas se encuentra *solo* material genético de Fran. Eso ya no es una transferencia cruzada, sino una transferencia directa. Y no, Fran no pisaba el domicilio del matrimonio desde hacía ya tres años. La última vez que entró en esa casa fue cuando Raquel y él seguían juntos. Marianela y él ya eran amantes, pero nadie lo sabía. Esta fue la prueba más importante para la jueza que, tras verla, mandó a la cárcel a Fran de cabeza.

BAJO EL ESCRUTINIO DE LA JUSTICIA

Vamos a hablar del juicio, pero antes tenemos que hacerlo sobre los autos.

Juan José Hellín Moro, el perito judicial por parte de la acusación particular, presentó un informe que dejó a todos perplejos. La jueza reprodujo dicho informe en el auto emitido.

Un auto judicial es un documento emitido por un juez o tribunal durante el transcurso de un proceso legal. Es una resolución escrita que contiene decisiones, instrucciones o determinaciones relacionadas con el caso en cuestión. O sea, antes del juicio.

Juan José Hellín Moro asegura que el asesino regresó a la escena del crimen, que hizo la cama de Miguel Ángel, ya que la posición en la que se encontró la colcha no coincidía con la agresión. «Llegamos a la conclusión de que, cuando se hizo la cama, la sangre ya estaba coagulada». Y dejó a María en el suelo, ya que ella tardó dos horas en desangrarse y el colchón estaba empapado y el suelo no. Sería entonces cuando la cubrió.

Hay que recordar que no se forzó la puerta. Ninguna de las dos. La puerta de la calle es de hierro forjado, y la de la vivienda es una puerta más normal. A veces dejaban abierta la de arriba porque con cerrar la de abajo era suficiente. Además, todo el mundo se conocía y no corrían peligro, o eso pensaban. Sin embargo, el perito esclarece que es imposible abrir la puerta de hierro forjado sin llaves. Esto inculpa aún más a Fran, quien estaba conviviendo con la madre y esposa de las víctimas. Ella tenía la llave de esa casa, así que él podría haberlas cogido sin pedir permiso.

Recordemos también que Fran llamó esa noche a Marianela para preguntarle qué quería de cenar mientras ella estaba ya en su apartamento muy preocupada porque su marido no le contestaba. Él tardó mucho en volver. Es más, tuvieron una discusión porque Marianela estaba muy tensa porque su hija y su marido no daban señales de vida y encima su novio tardaba en contestar y no sabía nada de él.

6 de septiembre de 2017. Arranca el juicio contra Medina por el doble crimen.

El fiscal pide cincuenta años de cárcel y será un jurado popular quien lo declare culpable o no.

> Marianela no estuvo presente en todo el juicio, solo cuando le tocó declarar. Tampoco quería estar, la verdad. Durante todo este proceso se enteró a través del programa de Julia Otero de que su hija sufrió y mucho.

Ella solo sabía que se defendió con un cuchillo y fue porque se lo dijo el policía que la había acompañado a revisar su casa para ver si echaba algo en falta.

Cuando tuvo que declarar le preguntaron cómo lavaba las toallas: lo hacía a 40 °C añadiendo un chorro de lejía, pero lavaba la toalla de su hija aparte, aunque de la misma manera. Esto se lo preguntó la defensa para intentar justificar el ADN de su cliente en las toallas (vosotros, cuando os laváis la cara, no usáis tres toallas distintas, ¿no? Pues eso). Desde la acusación particular defendieron entonces que era normal que hubiese transferencia cruzada en dos toallas, y en la otra fundamentalmente ADN de Francisco Javier, porque, aunque el ADN de Marianela también estaba presente, ella solo se lavó la cara con esa en concreto.

Por parte de la defensa de Fran expusieron las conversaciones que Marianela mantuvo en los primeros días en los que lo arrestaron. Si os acordáis, ella no quería darse cuenta de que su novio en aquel entonces era bastante sospechoso. Ella negaba todo. Llamó incluso borrachos a los dos testigos que vieron a Medina el día 27 fuera del trabajo con su Volkswagen.

Pero luego ella cambió de opinión. Pues sí, ya me estoy mojando..., pero es mi libro. Y opino que estaba en su derecho. Quiero decir, bastante tenía esta mujer encima como para además aceptar que su pareja, por el cual había iniciado su separación, era el principal sospechoso de haber acabado con la vida de su hija y de quien todavía era su marido. Por no hablar de toda la medicación que debía de tomar.

Ella estaba completamente manipulada por él, y no es una forma de hablar. Tanto sus padres como sus suegros se lo hicieron saber. Su cuñado y hermano de Miguel Ángel, Aníbal, no podía ni ver a Medina. Incluso la propia psicóloga de Marianela le dijo textualmente que menos mal que no se había quedado embarazada de él. Y que, por favor, la próxima vez que se sintiera presionada, acudiera a ella. Porque ella le desaconsejó desde el primer minuto intentar tener un bebé. Principalmente, porque el sentimiento de culpa sería muy muy grande. Ese bebé tampoco estaría bien atendido porque era demasiado pronto. Más adelante todo se vería, pero en ese momento no.

La defensa de Medina también le preguntó a Marianela por sus encuentros sexuales con él. Según ellos, ella se estaba rebozando todo el día en su ADN y por eso había en las toallas. Las preguntas la hicieron parecer culpable.

La defensa de Fran alegó, además, que en la lavadora también se puede mezclar el ADN y propusieron como ejemplo una prueba hecha con semen de siete personas. En esta prueba se demostró que el ADN queda repartido por toda la prenda. Pero es que el ADN encontrado en las toallas no es semen, y las cantidades no son las mismas... Me pregunto cómo se puede comparar.

También hubo muchos testigos, pero quiero destacar al marido de Manoli, el Magro, quien vio a Francisco Javier sobre las 21.10 del día 27 en su Volkswagen blanco. Además, hay que recordar que un perro entrenado para encontrar sangre señaló el maletero de ese coche cinco veces conforme había o hubo sangre.

También os diré que Fran tenía dos coches. Los testigos lo vieron con el coche blanco y el perro olfateó restos de sangre en ese vehículo...

Los otros testigos que quiero volver a mencionar son la familia ecuatoriana que oyó la pelea, en especial Fredy, quien aseguró que los hombres que estaban gritando tenían acento almonteño.

Por parte de la Fiscalía, tomaron la posición de esperar a las deliberaciones de ese juicio y no hacer declaraciones, ni por Facebook ni a la prensa, quienes eran una panda de hienas sedientas de sangre.

Pero la defensa de Francisco Javier hizo todo lo contrario. Comenzaron a decir que este juicio era igual que al que sometieron a Dolores Vázquez, la primera condenada por el caso Wanninkhof. Como os he contado antes, la acusaron sin pruebas, le destrozaron la reputación y tras 519 días en la cárcel se la liberó porque encontraron al verdadero asesino gracias a una prueba de ADN.

Pero la diferencia radica en que el ADN de Dolores Vázquez no estaba en la escena del crimen. Además, los jurados en España no se aíslan en los hoteles mientras transcurre el juicio. Eso implica que sean susceptibles a cambiar de opinión al leer una noticia, ser chantajeados, amenazados...

Y esto lo digo también un poco por el juicio de Casey Anthony, una madre acusada de matar a su hija de dos años. Ese caso fue en Estados Unidos, y allí el jurado sí que se aísla en un hotel, del que no pueden salir hasta que finaliza el juicio. Y, aun con todo, la opinión de los miembros del jurado estuvo sesgada porque a fin de cuentas no es un jurado profesional que analiza con perspectiva las pruebas expuestas.

Que Marianela en un principio defendiera a Francisco Javier Medina con uñas y dientes no tiene el mismo significado para alguien de a pie que para un experto en criminología.

EL VEREDICTO DEL JURADO

Finalmente, el 6 de octubre de 2017 declaran a Francisco Javier Medina no culpable del asesinato de Miguel Ángel y su hija María. Quizá, lo que decantó la balanza fue la declaración de la expareja de Fran, Raquel. Ella dijo que vio a su expareja frenteando artículos (es decir, dejar bonito el estante acercando los productos a la orilla para que se vea lo más lleno posible) a última hora dentro del supermercado. No había pruebas de que él estuviera en ese momento en el Mercadona haciendo esto, pero decidieron creerla.

Además, la propia Raquel durante los primeros interrogatorios dijo que no había visto a Fran salir del Mercadona. Pero luego en el juicio dijo lo contrario. Tal y como hizo Marianela, pero al revés, aunque a ella no la criticaron por este cambio.

También había cierta reticencia a creer que hubiese podido asesinar y llegar a las 22.15 al Mercadona para recoger las llaves que le tenía que dar el encargado para que abriera el lunes.

Sea como fuere, Francisco Javier Medina es un hombre libre.

La acusación particular, formada por las dos familias, tanto la de Marianela como la de su difunto marido, Miguel Ángel, ha unido fuerzas para intentar apelar en múltiples ocasiones, pero no ha sido posible.

En 2019 se abrieron nuevas diligencias, en las que se mandó volver a analizar detalles que no se precisaron, como por ejemplo la manta de la niña, y se envió al Instituto de Toxicología, pero no se reveló nada...

TERCER CASO
EL MISTERIOSO SUICIDIO
DE LA BIBLIOTECARIA

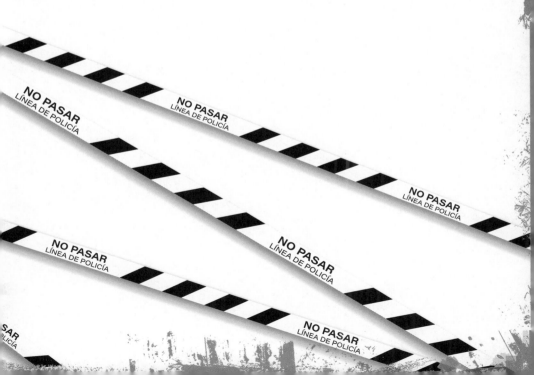

EL CRIMEN DISFRAZADO DE SUICIDIO

Este crimen me lleva obsesionando desde que lo conocí. Sucedió en Sabadell, ciudad de la provincia de Barcelona, donde yo vivo. En el crimen de Helena Jubany, el reloj del mal, que determina cuándo un caso ya no va a tener justicia, se paró en 2021, excepto para las personas investigadas por este crimen en los últimos veinte años.

Pero en 2025 también prescribirá la causa para ellos. Los familiares de Helena solicitaron al juez que retrasara el plazo de la prescripción a causa del COVID-19, ya que, cuando sobrevino la pandemia, la justicia quedó paralizada durante ochenta días. Pero el juez lo denegó.

El crimen de Helena Jubany, una joven bibliotecaria que llevaba una vida normal y tranquila, destapó una trama de sexo, mentiras, drogas, notas anónimas, encubrimientos, quemaduras y hasta un suicidio.

Uno de verdad.

NN (*NO NAME*)

El cuerpo de una joven de veintisiete años, semidesnudo, se ha precipitado desde el terrado de un edificio. En la fría noche, mientras todos duermen, el silencio es precedido por el crujido de los huesos de un cuerpo impactando contra el suelo.

La mañana del domingo 2 de diciembre de 2001, un vecino de la calle Güell i Ferrer, 91-97, la encontró contra los tendederos, sin vida y con la cara desfigurada. Este hecho imposibilitó el reconocimiento del cuerpo de forma inmediata. Era una NN (*no name*), pero por poco tiempo.

Este vecino declaró que encontró el cuerpo a las 9.00 y que a las 4.45 fue cuando oyó un fuerte estruendo, que lo despertó. Pudo dar la hora exacta porque, antes de volver a dormir, miró la hora para averiguar si podía seguir descansando.

En un primer examen visual, se pudo observar que la ropa interior de la joven estaba quemada, así como algunas partes de su piel. Los agentes de policía tuvieron que ir hasta la azotea del edificio, desde donde aquella mujer se había precipitado. En un principio pensaron que se trataba de un suicidio, pero, cuando llegaron a la azotea que pertenecía al edificio de la calle Calvet d'Estrella, 48 de Sabadell, descubrieron cosas que no encajaban con tal acto.

Encontraron una cerilla usada y otra sin usar, mechones de pelo, que se llevarían a analizar y que estaban quemados, y la ropa que llevó la mujer antes de caer y que también estaba chamuscada.

Los agentes de policía fueron puerta por puerta del edificio de la calle Calvet d'Estrella preguntando si alguien sabía algo sobre lo sucedido en el patio interior. El 99 % de los vecinos estaban consternados por lo ocurrido y se preguntaban quién podía ser esa chica. ¿Por qué alguien con toda la vida por delante querría hacer algo así?

Al dar una pequeña descripción de cómo era la chica, unas vecinas les dijeron a los agentes que en el 3.º 2.ª vivía una joven con esas características. Les abrió la puerta y comprobaron que no era la persona que se había precipitado. La inquilina de ese piso era el 1 % restante que mencionaba antes. Ella fue muy fría con los agentes, demostrando que no le importaba en absoluto lo que acababa de ocurrir ni quién era la desconocida. Pero la falta de empatía no te hace ser un asesino, ¿verdad?

El día anterior a este hallazgo, el padre de una joven periodista de veintisiete años comenzaba a preocuparse más de la cuenta al ver que su hija no acudía a la cita que tenía con él para comer juntos. Su hija Helena nunca habría faltado a un encuentro con él sin justificación. La intuición de un padre muy preocupado le dijo que algo malo había sucedido. Que no le hubiese contestado las llamadas reforzaba este pensamiento.

Con un nudo en el estómago y repitiéndose una y otra vez que todo eso debía de tener una explicación lógica, el hombre decidió llamar a la biblioteca de Sentmenat, ubicada en la comarca del Vallés Occidental, provincia de Barcelona. Allí le dijeron que ese día Helena tenía libre.

Joan no iba a parar hasta que la encontrase, así que, como tenía una llave del piso de Helena que ella misma le dio, fue hasta allí para ver si la encontraba. Quizá le había pasado algo grave y estaba sin conocimiento.

El piso de Helena tenía un estado normal, como cuando sales de casa para volver más tarde. No faltaba ropa ni objetos personales que pudieran indicar que la joven se había marchado voluntariamente.

Joan Jubany descubriría al día siguiente que su hija ese mismo día tampoco había asistido a una cita con una amiga, Isabel. Esta se había convertido en la mejor amiga y confidente de Helena tras un viaje que hicieron a Mallorca, donde hablaron de mil cosas: cambios de vida, proyectos, ilusiones...

Isabel sería clave para desenmarañar todo este caso.

El lunes 3, temprano por la mañana, Joan, junto con el resto de la familia, quienes ya estaban muy muy preocupados, llamaron a la biblioteca de nuevo y contestó una compañera de Helena que ya conocía al hombre y le dijo que Helena no había ido ese día a trabajar, pero que tampoco había ido el viernes 30 de noviembre.

Llevaba tres días desaparecida.

Muy asustado, Joan fue hasta la comisaría de Sabadell para interponer la denuncia por la desaparición de su hija. Un agente de policía intentó tranquilizarlo y le pidió varios datos de Helena. Cuando este agente escuchó atentamente la descripción que le estaba dando ese hombre de su hija, comprendió que tenía que prepararse para dar una muy mala noticia.

Antes le mostraría una imagen de la ropa encontrada en la azotea del edificio de donde se tiró (supuestamente) esa chica y Joan la reconoció como la ropa de Helena. Le informaron de que su hija se había suicidado y que habían encontrado su cadáver el 2 de diciembre.

En estado de shock y conmocionado por la incredulidad y el dolor de saber que nunca más iba a ver a su hija, Helena, Joan se lo comunicó a la familia, quienes no daban crédito a lo sucedido.

En España, el suicidio es la primera causa de muerte en jóvenes y adolescentes entre doce y veintinueve años. Según la Plataforma Nacional para el Estudio y la Prevención del Suicidio, se ha observado un aumento de este del 32,35 % entre 2019 y 2021 o, dicho de otra forma, once personas se quitaron la vida al día en 2021.

La detección de comportamientos suicidas es fundamental para dicha prevención. Estos pueden variar desde irritabilidad, ausencias en la red de amigos, apatía, falta de motivación... Pero debemos comprender que también hay un alto porcentaje de personas que se quitan la vida sin mostrar ningún tipo de señal. ¿Podía ser ese el caso de Helena?

Helena estaba en un periodo de cambios. Había estudiado la carrera de Periodismo y ejerció durante un tiempo, pero se dio cuenta de que donde realmente se sentía feliz era rodeada de libros y comenzó a prepararse para obtener una plaza fija como bibliotecaria. Terminó la relación que tenía con su pareja y consiguió un trabajo en la biblioteca de Sentmenat, donde perfectamente podría ir en coche desde Mataró, la ciudad en la que vivía con su familia, pero sentía que necesitaba cambiar de aires y se independizó en un apartamento en Sabadell. También hacía cuentacuentos para niños en centros cívicos, colegios y bibliotecas del Vallés.

Helena era descrita por sus familiares como una chica introvertida,

con mucho mundo interior, una de-
voradora de libros y escritora en
ciernes. En *petit comité* era cuando Helena mostraba su lado más divertido.

Era una amante de la naturaleza y se sentía un poco sola. Por eso, meses atrás se había unido a un grupo de excursionistas llamado UES (Unión Excursionista de Sabadell). Allí conoció a sus nuevos amigos en esa nueva ciudad, como Montserrat Careta, su novio, Santiago Laiglesia, Ana Echaguibel, Xavi Jiménez, Jaume Sanllehí e Isabel Valls, quien se convirtió en su mejor amiga.

Con la pérdida de Helena, volvemos a encontrarnos con ese vacío; la nada más absoluta que deja un ser querido cuando, de forma súbita, ya no está entre nosotros. Sus prendas en el armario, su cepillo de dientes, la ropa sucia esperando a ser lavada. Son escenas cotidianas de una vida que ya no está.

El último adiós a Helena estuvo plagado de amigos, familiares, vecinos y conocidos que no entendían muy bien por qué una joven con un futuro tan prometedor y una buena vida había acabado así, suicidándose. Nadie sabe el porqué, pero todo el mundo conoce el cómo. Se hicieron eco de ello los periódicos locales, así lo reflejaron en los obituarios.

Así que, para despedirse de ella, los amigos y el hermano de Helena decidieron sentarse en el suelo mientras cantaban «Vespre» de Els Pets.

Los hermanos de Helena recibieron fuertes abrazos cargados de compasión o de cinismo, porque quizá en ese funeral también estaba el asesino de Helena. Fue pocas horas antes del evento cuando los familiares se enteraron de que Helena no se había suicidado, tal y como ellos pensaban, pero en vez de gritar exigiendo justicia tuvieron que agachar la cabeza y recibir abrazos de consuelo por la muerte voluntaria de Helena. El comisario de policía que había dado la noticia a la familia de la joven pidió que, para no obstaculizar la investigación, por favor, no desmintieran las informaciones. Querían a un asesino tranquilo y confiado, que pensara que su plan había salido a la perfección...

No me quiero imaginar lo duro que tuvo que ser esa situación.

LA AUTOPSIA REVELA DETALLES SORPRENDENTES

La investigación policial sobre cómo apareció Helena en ese patio interior demostró varias incongruencias que revelaban un burdo intento por hacer pasar el asesinato de Helena por un suicidio. Como, por ejemplo, la trayectoria de la caída. Si alguien salta de un edificio, lo hace con un impulso, por lo que el arco de la caída es curvo. En este caso, el cuerpo cayó a plomo, lo que indica que alguien fue el responsable de su caída porque su cuerpo estaba inerte.

Tampoco tenía sentido que la cara de Helena estuviera tan desfigurada porque la reacción natural del cuerpo es poner las manos delante, tanto en una caída involuntaria como en un suicidio. Hasta el alma en pena más convencida de abandonar este mundo pone los brazos en posición de protección sobre la cabeza inconscientemente.

Todo esto acabó confirmándose después de la autopsia. Helena tenía en el cuerpo una dosis treinta y cinco veces mayor a la indicada de las siguientes benzodiacepinas: Trankimazin, Dormicum, Loramet, Noctamid y Aldosomnil. Estas benzodiacepinas ya estaban en la orina, indicando que se habían ingerido horas antes de su muerte.

Helena también tenía un líquido blanquecino en el interior de su vagina, pero este no pudo ser identificado. Descartaron la agresión sexual y creyeron que podía ser lubricante.

También tenía lesiones que se produjeron cuando ella seguía viva, ya que se observa la presencia del rubor característico por la reacción corporal tras, por ejemplo, una quemadura. Tenía dos tipos de quemaduras, unas hechas con fuego, que serían las encontradas en la braguita, y otras en la parte del sujetador, que parece que se produjeron por una corriente eléctrica.

Parte de su cabello, sobre todo la zona superior, también había sido chamuscada, igual que las yemas de sus dedos. Puede que el asesino intentara hacer desaparecer el cuerpo quemándolo porque se encontró una gran cantidad de perfume, que contenía alcohol, y fósforos, uno de ellos partido y sin usar.

Quizá, al comprobar que iba a tardar demasiado, el asesino de Helena optó por simular un suicidio.

EL MACABRO ROMPECABEZAS

¿Quién podía tener motivos para matar a Helena? Las estadísticas nos indican que en un alto porcentaje de homicidios el asesino pertenece al círculo íntimo de la víctima. Y, en el caso de Helena, su círculo íntimo se había expandido en los últimos meses desde que se unió a la UES.

Fue la mejor amiga de Helena, Isabel Valls, quien le facilitó a la policía la lista de estos nuevos amigos de la bibliotecaria.

Montserrat Careta

Era la inquilina del 3.º 2.ª del edificio de la calle Calvet d'Estrella, 48, que no parecía muy dispuesta a hablar con la policía, ya que estaba apresurada por cerrar la puerta cuando se encontró en el patio de luces el cadáver de Helena. ¿Podía ser que ese piso fuese la génesis de toda esta trama?

Montserrat Careta, más conocida como Muntsa, era natural de Manresa, pero residía en Sabadell y, en el momento de los hechos, tenía treinta y cuatro años. La vida de Muntsa no fue fácil. A raíz de la muerte de su padre, cuando ella era pequeña, su hermano se suicidó.

Y, como ya sabéis, era novia de Santiago Laiglesia, que también pertenecía a la UES. Bueno, la realidad es que se conocieron allí.

Los roles de esta pareja eran claros: él era el dominante y ella, la sumisa. Muntsa se consideraba a sí misma como un patito

127

feo porque tenía una malformación en la espalda, que le provocó una pequeña joroba y además era motivo de constantes dolores.

Cuando Santi se fijó en ella, su mundo comenzó a girar en torno a él. Fue su primer amor. Sin embargo, no es oro todo lo que reluce. Muntsa le explicó a su hermana que Santi quería practicar sexo a todas horas. Esto los llevó a romper porque al parecer ella no estaba cómoda, pero al poco tiempo retomaron la relación. Meses más tarde volvieron a retomar la relación, pero esta vez Muntsa comenzó a ir a la psicóloga de Santi.

Ana Echaguibel
Fue con quien tuvo un conflicto algunos meses atrás, cuando tanto Helena como ella estaban organizando una salida con la UES. Tras este desacuerdo, Ana llamó a Helena quince veces, supongo que para querer solucionar el conflicto.

Después de aquello se distanciaron, pero, en honor a la verdad, fueron muy buenas amigas e incluso planearon un viaje al norte, de donde era Ana.

Xavi Jiménez
También compañero de la UES. A Xavi le gustaba mucho Helena y se lo hizo saber, pero ella no estaba interesada. Aun así, no cambió su forma de relacionarse con él. Sin embargo, Helena le expresó a su hermana que se sentía observada y tenía la sensación de que era Xavi rondando

cerca de su casa. Esa sensación tuvo que ser muy pero que muy desagradable para ella.

Como buena periodista, Helena era una persona muy metódica y ordenada, por eso a su padre Joan le resultó muy fácil encontrar en su apartamento dos notas anónimas, que días antes alguien le había dejado a su hija. Estaban en la cocina, dobladas sobre una bandeja. Fue la mejor amiga de Helena, tras enterarse de que la joven jamás se suicidó, quien le contó a Joan sobre aquellas misteriosas notas.

Una de ellas data del lunes 17 de septiembre de 2001, unos dos meses y medio antes de su muerte. Esta nota estaba dentro de una bolsa de plástico colgada en la puerta del apartamento de Helena junto con una horchata (su bebida favorita) y unas medialunas rellenas de chocolate.

La nota manuscrita decía así (traducción del catalán):

Helena, «sorpresa». Pasábamos por aquí y hemos dicho: a ver Helena qué se explica. Somos ¿??? (te llamaremos). «A comérselo todo».

Con una mezcla de excitación e incertidumbre, Helena le contó a su amiga que había recibido una nota anónima en su apartamento mientras estaba en casa, pero en ningún momento llamaron a la puerta. Tenía que ser alguien con la suficiente confianza como para saber que su bebida favorita era la horchata.

En un principio, incluso pensó que el anónimo provenía de ella, de la misma Isabel, ya que unos meses atrás se había tomado una en su compañía y la de dos amigos más que había hecho en la UES (Xavi Jiménez y Jaume Sanllehí).

El caso es que, en ese momento, diciembre de 2001, la policía no pudo comprobar si Helena se había tomado la horchata. Una investigación posterior impulsada por la familia de Helena reveló que sí lo hizo. Al menos eso es lo que escribió en la conversación en un chat encontrado en su ordenador y que pudo ser extraída gracias a la tecnología de hoy en día. Una vez más, la vida demuestra que los crímenes no deben prescribir.

No reportó efectos adversos y por eso actuó como actuó al recibir el segundo anónimo.

La segunda nota data del martes 9 de octubre, veintitrés días después (traducción del catalán):

Helena, ante todo esperamos que te tomes esto con el mismo sentido del humor que nosotros, a la tercera revelaremos el misterio. Muy seguro te echarás unas risas. Nos gustaría mucho volver a coincidir en una excursión de la UES. ¡Ya lo hablaremos! Ahora vamos a ver si encontramos un lugar bueno, bonito y barato en Sabadell para perfeccionar el inglés. ¡Ah! Buen provecho, no nos hagas un feo, ¡¿eh?! En la tercera ya nos invitarás tú, sin duda. Besos.

Esta última nota estaba acompañada por un zumo de melocotón de la marca Granini de 330 ml y unas pastas. Esta vez, estaba claramente escrita por dos personas distintas.

La mejor amiga de Helena le contó a Joan que la joven se llevó al trabajo ese zumo de melocotón, que se bebió prácticamente entero en su jornada laboral del 10 de octubre. Pero, de repente, Helena comienza a sentirse muy mal. Está muy somnolienta, tanto que no es capaz de coordinar su cuerpo. Esto sería corroborado por Cati Solà, la compañera de trabajo de la bibliotecaria.

Ella les explicaría a los agentes que Helena se dio cuenta de que el estado en el que se encontraba no era a causa de ningún resfriado o virus, sino que se lo había provocado el zumo de melocotón que había tomado.

Por lo tanto, ese zumo que había recibido con la segunda nota anónima estaba adulterado. Eso ya no era divertido.

Cati le ofreció que durmiera esa noche en su casa porque, dado su estado, Helena no podía conducir. Tenía una falta total de coordinación, sus ojos se cerraban y no terminaba las frases. Finalmente fue su amigo Salvador quien la llevó a su casa de Sant Feliu de Codines, donde vivía con su mujer. En el trayecto se quedó dormida.

El matrimonio se preocupó bastante cuando observó el estado en el que estaba Helena. Le prepararon incluso una manzanilla, pero esta se saldría por la comisura de los labios de la joven. No podía ni tragar. Finalmente, Helena se quedó profundamente dormida. Según Salvador y su mujer, a la mañana siguiente se levantó con buen color y desayunó con hambre. Le costó recordar lo que había sucedido el día anterior, pero, en cuanto lo hizo, le sobrevino un miedo que nunca había experimentado.

Aunque sin querer sacar conclusiones precipitadas y respondiendo una vez más a su instinto como periodista, recordó que había guardado la botella de zumo de melocotón, que todavía contenía una pequeña cantidad y lo llevó a un laboratorio para que lo analizaran.

Salvador estuvo muy pendiente de Helena desde ese momento... No era normal todo lo que estaba pasando. Tenía una amiga que trabajaba en los laboratorios Echevarne, quien fue la encargada de analizar el contenido de este zumo. El resultado: positivo en benzodiacepinas.

Os podéis imaginar la cara de los agentes de policía al enterarse de todo esto, y es que las mismas benzodiacepinas encontradas en ese zumo de melocotón son las que se encontraron en el cadáver de la joven en una cantidad mucho mayor.

De las notas manuscritas, no se pudo sacar ni una sola huella.

EL ÚLTIMO DÍA

La investigación de este juego macabro demostró que el viernes 30 de noviembre fue el último día en el que se vio a Helena con vida.

El día anterior, el jueves 29, Helena fue a trabajar y luego tuvo una sesión de cuentacuentos en el centro cívico de Sant Oleguer de Sabadell. La vieron abandonar el lugar sobre las 22.00. En su casa se encontró el blíster de pastillas anticonceptivas y faltaba la del día 29, por lo tanto, esa noche la pasó en casa.

Isabel, la amiga de Helena, dijo que el 29 fue el último día que habló con ella. Fue desde el teléfono fijo de la casa de la bibliotecaria y fue una llamada de pocos minutos, en la que confirmaron que el lunes iban a quedar después de la cita que tenía Helena con su padre.

El 30 de noviembre amaneció en su casa y estuvo chateando en su ordenador hasta las 9.55 y después, según los registros telefónicos, habló con su amigo Salvador.

La casa de Helena estaba recogida, pero se encontraron algunas cosas que revelaban que tenía la intención de volver pronto a casa. Puede que el único punto discordante sea que su abrigo estaba en la silla del comedor. En aquellas fechas en Sabadell hacía mucho frío y ella era muy friolera. Quizá salió de casa para hacer un recado rápido y nunca más volvió.

A las 15.00 debía haberse presentado a trabajar en la biblioteca, pero no lo hizo.

Se encontró el Seat Ibiza verde de Helena, y estaba situado entre el centro cívico donde fue a contar cuentos la tarde del jueves y el bloque de pisos donde unas horas más tarde apareció muerta.

El círculo se estrecha en torno a la Unión Excursionista de Sabadell, tal y como se indicó en el segundo anónimo y en especial en la figura de Montserrat Careta, puesto que ella, la persona investigada de más interés, y Helena pertenecían al mismo grupo.

Aunque hay que señalar que todos resultaron tremendamente sospechosos al no poder explicar qué hicieron la tarde del 30 de noviembre. La UES colaboró con la policía en todo momento facilitando los documentos que los agentes necesitaban debido a la investigación, pero, cuando la policía quiso tener más información que simples registros de asistencia, los agentes se toparon con un muro.

Los primeros en ser llamados a declarar fueron Muntsa y su novio, Santi Laiglesia, quien actuó como su abogado particular, casi sin dejarla hablar hasta que los agentes le solicitaron un interrogatorio por separado. Ya os adelanto que cayeron en múltiples contradicciones.

Muntsa dijo que, el fin de semana en el que Helena fue asesinada, ambos durmieron en su apartamento. Pero cuando le tocó el turno a Santi, quien claramente tenía experiencia como abogado y era mucho más vivo que su novia, declaró que pasaron el fin de semana donde él vivía, en casa de sus padres, y estos confirmaron la coartada de su hijo, a pesar de las múltiples lagunas.

Averiguaron que Muntsa hacía turno partido en el colegio Roureda de Sabadell, de 9.00 a 13.00 y de 15.00 a 17.00. Pero, curiosamente, la tarde del 30 de noviembre no se presentó en el trabajo.

Dijo que había faltado la tarde
de un viernes de noviembre, pero
no estaba segura del día exacto.
Aunque lo recordó de inmediato en
el momento en que se enteró de
que los agentes de policía habían
ido al colegio para contrastar la
información.

Al día siguiente de esta declaración, Santi Laiglesia volvió de forma voluntaria a la comisaría. Parece ser que, por
magia infusa, de repente recordaba nítidamente todo lo
que hizo el 30 de noviembre:

- Al mediodía está en su despacho cuando recibe la visita de su novia.
- Ponen la tele y ven anunciado un partido de fútbol.
Sabadell-Calahorra. Las entradas están baratas, así
que deciden que esa tarde irán a ver el partido.
- Después cenan en el piso de Muntsa (el principal lugar de los hechos) y preparan unos bocadillos.
- Por último, duermen en casa de los padres de Santi,
ya que tienen prevista una excursión de la UES y les
queda más cerca salir desde ese domicilio.

Este último punto fue confirmado por parte de la UES a
la policía, pero ni Santi ni Muntsa se anotaron en las listas
de asistencia de esa excursión. Esto podía interpretarse de
muchas formas, una de ellas, por ejemplo, es que ninguno
de los dos fue a esa excursión, pero la UES los estaba encu-
briendo. O que sí fueron, pero de forma improvisada para

crear una coartada. ¿Acaso tenía esta unión de excursionistas algo que ocultar?

En los siguientes días declaró Ana Echaguibel, de quien no sacaron nada relevante. En ese momento.

El 13 de diciembre la policía interrogó a Xavi y a Jaume. Según Xavi, el día 30 estuvo toda la mañana trabajando y por la tarde fue hasta la UES con su amigo Jaume porque iban a organizar la siguiente excursión. Después tomaron algo juntos y Xavi llegó a casa a las 22.45, después de dejar a Jaume en la suya, aproximadamente veinte minutos antes.

Jaume declaró que el viernes 30 también trabajó toda la mañana y por la tarde fue a Barcelona a tomar algo con unos amigos y llegó a su casa a la 01.00. ¿Veis la contradicción? Más tarde se dio cuenta de que la había cagado y, tal y como hizo Santi, al día siguiente se presentó de nuevo en la comisaría porque había recordado que el día 30 no fue a Barcelona, sino que estuvo con su amigo Xavi y se había confundido de día.

UN JUEZ SIN DEMASIADA PERSPECTIVA

A raíz de que mi madre me hablara por primera vez del crimen de las niñas de Alcàsser y mi posterior obsesión, descubrí que tanto policías, abogados, fiscales, peritos y jueces son humanos y cometen errores.

El error del juez encargado en esta causa, Manuel Horacio García, fue creer que el asesino de Helena Jubany era una mujer. Este hombre creyó que todo esto se debía a una pelea entre dos mujeres por celos, así que ordenó que se hiciera un peritaje grafológico de los anónimos que recibió la víctima, pero (y aquí viene el error) solicitó que solo se comparara con las caligrafías de Montserrat Careta y de Ana Echaguibel.

Ni siquiera los investigadores y policías daban crédito a la decisión del juez. A su vez, este juez ordenó el allanamiento del piso de Montserrat sesenta días más tarde del crimen, dejando un margen de actuación y de ocultación de pruebas de dos meses.

Aun así, en el 3.º 2.ª del número 48 de la calle Calvet d'Estrella se encontraron cabellos de la víctima, dos cajas de Noctamid, o lormetazepam, un medicamento que contiene benzodiacepina de acción corta. Una de estas cajas estaba sobre la mesita de noche de Montserrat, vacía, y la otra, dentro del cajón de esta misma mesita, esta vez llena.

Una de estas cajas había sido recetada por un médico. Se sabe porque le falta el código de barras que el farmacéutico recorta para pegarlo en el registro. Los medicamentos de este tipo suelen estar muy regulados.

También se encontraron dos cajas de cerillas iguales a las halladas en la azotea desde donde tiraron a Helena. Una en la basura y otra en la cocina. Qué raro, ¿no?

Este registro, por cierto, se hizo en presencia de la propia Muntsa. El grupo de homicidios encargado de este caso tenía un sabor agridulce. Todos estos indicios los llevaron a pensar que Montserrat Careta era, presuntamente, una de las personas implicadas en este crimen.

Pero a la vez no tenía ningún tipo de sentido que en dos meses no se hubieran ocultado esos indicios, teniendo en cuenta las actitudes que había tenido la pareja.

Aun así, se hizo una reconstrucción de los hechos con todos los indicios encontrados:

- El día 30 Helena amanece en la cama de su apartamento.
- Se sabe que está un rato en el ordenador y luego llama a su amigo Salvador.
- Se monta en el coche sobre las 12.00 y conduce hasta la calle Calvet d'Estrella, 48. No saldría con vida del edificio.
- A las 15.00 no se presenta en su trabajo.
- Se presupone que Helena ya estaría drogada con las benzodiacepinas.
- La madrugada del 2 de diciembre entre las 3.00 y las 5.00, dos o más personas suben a la azotea del edificio. La desnudan e intentan prenderle fuego. En ese momento, Helena sigue con vida.
- A las 4.45 estas personas arrojan a Helena, totalmente inconsciente, hacia el patio de luces, donde, tras la caída, perdería la vida.
- El cuerpo de Helena cae de forma perpendicular, tocando los tendederos y llevándose las pinzas de tender hacia abajo. Esto demuestra la teoría de que Helena fue arrojada por sus asesinos.

Con todo esto y sin tener una hipótesis del porqué, el 12 de febrero de 2002, Montserrat Careta fue detenida como sospechosa del crimen de Helena Jubany y fue enviada al centro penitenciario de mujeres de Barcelona, Wad-Ras.

La consideraron una de las autoras de la carta que Helena había recibido meses antes de su muerte. Ana Echaguibel también sería detenida y puesta en libertad días después. Pero ya os anticipo que Ana regresaría a la cárcel más pronto que tarde. En un examen previo se determinó que Ana era la autora de la segunda letra del segundo anónimo. Aunque se haría un segundo peritaje lingüístico en mayor profundidad que revelaría cosas bastante increíbles.

La familia no entendió esa decisión del juez. Ellos sentían que Ana no tenía nada que ver y que los verdaderos culpables eran Muntsa Careta, que sí había sido detenida, y su novio Santi Laiglesia. Como digo, Ana sería liberada, con cargos, en los siguientes días.

Pero vamos a centrarnos en Muntsa.

La policía descubre que ella mintió cuando contó lo que hizo ese viernes 30 de noviembre, como ya os había relatado. Pero también mintió cuando dijo que no se había enterado de que Helena se había suicidado hasta varias semanas más tarde, exactamente el día 10 de diciembre.

Mentira, ya que vivía en el edificio desde donde Helena murió y varios compañeros de la UES lo comentaron delante de ella pocos días más tarde y Muntsa participó en la conversación.

Pero es que, esperad..., que las mentiras son muchas.

Muntsa declaró que ella apenas conocía a Helena, pero se le olvidó contar a la policía que el día antes de la desaparición de Helena, el jueves 29, hablaron por teléfono porque Helena había invitado a Muntsa a una sesión de cuentacuentos en el centro cívico Sant Oleguer, que estaba a solo cuatro minutos de su casa. Esta, finalmente, no fue a la sesión, pero avisó a Helena llamándola por teléfono desde el colegio donde trabajaba. Al parecer, había quedado con su novio para ir a una manifestación por la construcción de un campo de golf que iba a destruir parte de la naturaleza de la zona.

Y aún hay más.

Los investigadores también encontraron registros de llamadas el día que se halló el cuerpo sin vida de Helena y preguntaron a todos los vecinos del bloque si conocían a la joven. ¿Os acordáis de que Muntsa, que vivía en el 3.º 2.ª, dijo que no conocía a Helena y cerró rápidamente la puerta? Bien, pues, instantes después, Muntsa llamó a casa de los padres de Santi Laiglesia. ¿Qué se dijeron en esa llamada?

En las siguientes declaraciones de Muntsa, ella negaría que fueran suyas las cajas de Noctamid encontradas en su casa. Dijo que alguien las había puesto ahí. La familia de Helena no la creyó. No piensan que sea la culpable, aunque sí creen que estuvo presente. Quizá, simplemente, no lo evitó y se iba a convertir en la principal culpable del asesinato de Helena. Por eso, para ellos es fundamental que Muntsa cuente toda la verdad. Pero enseguida se mete en medio Santi, que le dice a la familia de su novia que él se va a encargar de su defensa. También contactó con un colega suyo que trabajaba en su bufete.

Sin embargo, Muntsa es dolorosamente testigo de cómo su novio la visita cada vez menos en la cárcel y poco a poco se distancia de ella. Esto lo reflejó en su diario. Ella era una persona que tenía mucho mundo interior y que disfrutaba plasmándolo todo con la escritura. Ese diario la acompañó también en la cárcel. En él reflexionaba sobre la vida que la esperaba en la cárcel y después de ella. Y, sobre todo, escribió sobre la pérdida. Probablemente jamás volvería a ser profesora porque iba a tener cargos y eso la destrozaba porque adoraba su trabajo.

En ese diario también se preguntaba si su primer y único amor sería capaz de sacarla de la cárcel. ¿Y si la condenaban por el asesinato de Helena? Ella reiteraba una y otra vez que era inocente y que, aunque todas las pruebas apuntaban a ella, la policía estaba completamente equivocada.

Hay que sumar a esta historia la postura de la familia de Muntsa, quienes dicen que la actitud de Santi era muy extraña. Inma Careta, su hermana, le preguntó a Santi qué estaba haciendo para sacar a su hermana de la cárcel porque ella veía que estaba muy mal, cada día más delgada, muy baja de ánimos y casi sin esperanza. La respuesta de él sería que después de la condena la llevarían al Centro Penitenciario Brians, que está en Sant Esteve Sesrovires, y que allí se sentiría mucho mejor, rodeada de naturaleza.

O sea que el tío estaba pensando que, efectivamente, Muntsa iba a ser condenada por el asesinato de Helena.

Por lo tanto, no parecía que estuviera haciendo nada para sacarla de allí. Y, mientras ella se consumía poco a poco en su celda, el juez ordenó que se volviera a interrogar a Xavi

Jiménez; tanto los investigadores como la propia familia de Helena sentían que no se estaban haciendo las cosas bien.

El juez quería saber qué hizo Xavi los días en los que Helena recibió los anónimos. Creía que él también podía estar detrás de todo aquello porque Xavi se había llevado una negativa por parte de Helena cuando se le declaró. ¿Podía ser esto un motivo para asesinarla?

Bueno, tampoco es que la gente busque o tenga motivos sólidos para matar.

Se supo que los días en los que se enviaron los anónimos, Xavi fue a trabajar, según sus nuevos jefes. Pero también aclararon que sus trabajadores no fichaban sus entradas o salidas, o sea que perfectamente podría haberse ido antes.

El 19 de marzo de 2001, como os había adelantado, detuvieron por segunda vez a Ana Echaguibel tras recibir los informes del peritaje de los anónimos que recibió Helena. Se consideró que Ana era la autora de una parte del segundo anónimo.

UNA NUEVA TRAGEDIA

El 7 de mayo de 2002, Montserrat Careta, una mujer menuda, vulnerable y completamente manipulada por su novio, Santiago Laiglesia, aparece muerta en su celda. Se suicidó en uno de los baños de la cárcel con los cordones de sus zapatos, a pesar de que se había activado el protocolo antisuicidio tras evaluar su condición mental.

Hacía apenas unas semanas que la mujer había cambiado de abogado y al día siguiente iba a tener la primera reunión con él.

Escogió para irse de este mundo el 7 de mayo, el aniversario de la muerte de su hermano, que también se suicidó. Antes de hacerlo, escribió una nota donde sostuvo que era inocente.

Realmente nunca sabremos si Montserrat Careta estuvo involucrada en todo aquello. Probablemente sí. Pero teniendo en cuenta lo manipulada que estaba por su novio... quién sabe. No puedo evitar entristecerme cuando pienso en Muntsa. Quizá nunca fue totalmente inocente, pero sí que resultó una víctima. Víctima de su nula autoestima y también de la manipulación de Santi.

Con la muerte de Muntsa, se cerró un ciclo. Un tiempo después Ana Echaguibel consiguió la libertad condicional por falta de pruebas. En julio, Santi Laiglesia sería citado para declarar, pero estaba de vacaciones en las islas Canarias. A su vuelta, junto con su abogado, declararía ante el juez que estaba pasando por un proceso de duelo muy duro tras el suicidio de su novia y pedía humanidad por parte del juez porque no estaba en condiciones de declarar. ¡Y el juez se lo concedió!

Cuando llegó finalmente su turno para declarar, Santi seguiría sin ser claro y sin explicar por qué cambió la declaración inicial del día en el que Helena fue asesinada. Y, aun así, no lo detuvieron porque consideraron que no tenían pruebas contra él.

En septiembre del mismo año 2002, se levantó el secreto de sumario de la causa. La familia de Helena comenzó a insistir en que se investigara a los hombres del grupo de la Unión Excursionista.

El 3 de octubre, los Jubany junto a su abogado dieron una rueda de prensa, donde expusieron su teoría: un accidente durante un juego de rol en el que Helena no participó de forma voluntaria.

CUANDO LA JUSTICIA NO QUIERE, NO HAY MUCHO MÁS QUE HACER

El juez Manuel Horacio García rechazó múltiples peticiones por parte de la propia policía y de los Jubany como acusación particular para que se revisaran nuevamente las pruebas. Estas eran tan simples como comprobar de nuevo las coartadas de todos los sospechosos buscando nuevos testigos o incluir a todas las personas que formaban parte de la UES en los peritajes grafológicos. Pero él denegó todas y cada una de estas peticiones.

Finalmente, el 5 de junio de 2003, el juez consideró que ya no se debían hacer nuevas diligencias.

Así que, con las pruebas recogidas hasta entonces, había dos opciones;

- Iniciar un juicio oral, que sería la antesala de un juicio.
- Pedir el sobreseimiento del caso, o sea, la decisión, temporal o definitiva, de suspender un proceso judicial.

Los Jubany lo volvieron a intentar por todos los medios. Solicitaron todas las pruebas que no se hicieron en su momento e incluso pidieron a la Fiscalía que el caso se llevara a juicio, pero dado que no se realizaron la gran mayoría de las pruebas... el juicio no servía para nada.

Y, a fin de cuentas, tanto los juicios como las investigaciones y los procesos judiciales en general cuestan mucho dinerito.

A finales de 2005, se ordenó el sobreseimiento de la causa. Y a partir de ese momento los Jubany supieron que tenía que pasar algo muy gordo para que el caso se volviese a abrir o que fuesen ellos los que contrataran profesionales para que analizasen las pruebas por su cuenta. Pero eso vale mucho dinero, algo que los Jubany no tienen.

Tic, tac, tic, tac... El reloj del mal sigue avanzando.

Este caso quedó estancado hasta 2017. Había estado estancado durante doce años. Sin querer resultar conspiranoicos, cada uno puede sacar sus propias conclusiones de este lapso de tiempo.

Ese año dos estudiantes de la Facultad de Periodismo de la Universitat Autònoma de Barcelona, en la que Helena estudió, Yago García Zamora y Anna Prats, usaron su caso para hacer el trabajo de fin de grado. Esto volvió a darle visibilidad.

Ese mismo año, una estudiante llamada Roser Giménez hizo un trabajo de peritaje sobre las notas anónimas que recibió Helena, comparándolas con la letra de Montserrat Careta. Su profesora, Sheila Queralt, lingüista forense, junto con el profesor Krzysztof Kredens, supervisaron ese trabajo y llegaron a la conclusión de que un 80 % de las variables que se analizaron no coinciden. Muntsa Careta no escribió esos anónimos.

En 2018, el programa de Catalunya Ràdio *Crims* hizo seis episodios sobre el caso, donde varios policías y detectives admitieron que el juez no les permitió hacer su trabajo cuando había suficientes indicios para realizar las diligencias pertinentes. ¿Podría tener algo que ver que Xavi Jiménez trabajase en la Diputació?

Debido al éxito de los pódcast, en 2020, en medio de la pandemia que nos tuvo a todos aburridísimos en casa, Carles Porta llevó el caso al programa de televisión *Crims* con nuevas pistas. Cosas que tanto el juez como los abogados y la Fiscalía supieron y se callaron. Por ejemplo, que Ana Echaguibel pidió que se investigara al líder de la UES, Francesc Macià. ¿Por qué? Pues no lo sé porque nunca se hizo nada.

También apareció un testimonio de alguien que decía ser un vecino de la calle Calvet d'Estrella, 48, que un día antes del crimen vio a Montserrat Careta caminando con gafas de sol negras y parecía muy mareada y que no coordinaba. Iba con dos chicos y, según este hombre, uno de ellos era Santi Laiglesia. ¿Pudo haber sido Muntsa una víctima más de este macabro juego al que hace referencia la familia de Helena?

Esa pregunta aún no tiene respuesta, pero, a raíz de eso, los Jubany movieron ficha.

Consiguieron ayuda económica por parte de la ciudadanía, que les permitió analizar el disco duro del ordenador de Helena y encontraron unos mails que había intercambiado con Xavi Jiménez. Recordemos que ella le dijo a su hermana que en las últimas semanas se había sentido observada y que creía que podía ser él quien estuviera detrás de todo aquello... En estos correos, Xavi le expresa a Helena su intención de aprender inglés. Y resulta que en uno de los anónimos se hace referencia a aprender inglés.

Con todo esto, y gracias de nuevo a la ayuda ciudadana, los Jubany contrataron a un nuevo abogado, Benet Salellas, y en junio de 2020 pidieron que se reabriera el caso.

Y lo consiguieron, el 3 de agosto de 2020 se acordó su reapertura.

Gracias al ruido mediático, aparecieron aún más testigos. Uno de ellos dijo que Santi Laiglesia no estaba en la protesta por la construcción de un campo de golf el día 30 de noviembre de 2001. Ni él ni Muntsa (su coartada se caía a pedazos).

Supieron también que él vivía con Muntsa, aunque él dijera que vivía en casa de sus padres para que ellos le dieran coartada. Fueron los propios vecinos de Muntsa quienes también lo vieron con frecuencia comprando medicamentos en las farmacias cercanas a la propiedad. ¿Pudo ser él quien compró las benzodiacepinas?

El 1 de diciembre de 2021, un día antes de que el reloj del mal dictase que el caso ya había prescrito, el nuevo juez decidió investigar también a Xavi Jiménez, permitiendo que se le sometiera a un peritaje grafológico comparando su letra con la de los anónimos.

Sin embargo, la ley es inamovible: el caso finalmente prescribió, pero no para los acusados, ya que el caso prescribe, pero las personas que han sido acusadas conservan los cargos. Ellos tendrán que esperar a 2025 para que también se cierre para ellos. Es por ello que la justicia puede seguir investigando a Santiago Laiglesia, a Ana Echaguibel y a Xavi Jiménez.

Y así fue como en abril de 2022 supimos que Xavi Jiménez es el autor de la segunda nota anónima. Se le pidió que entregara escritos suyos hechos a mano de aquella época, pero dijo que no tenía. Así que los peritos grafológicos tuvieron que examinar su escritura actual y compararla con los anónimos del 17 de septiembre de 2001. Del primer anónimo recibido el 9 de octubre de ese mismo año, el juez sostuvo que «no se excluye su participación». Sin embargo, esto no significa que él sea el asesino de Helena.

Pero Xavi Jiménez es ahora el principal imputado y el magistrado aceptó citarlos tanto a él como a Jaume Sanllehí para un careo. Si habéis estado atentos a esta historia, os acordaréis de que la cortada de Xavi para el día 30 de noviembre de 2001 por la tarde era que estuvo en la sede de la UES con su amigo Jaume. Y después se fueron a cenar, él llevó a Jaume hasta su casa y luego Xavi regresó a la suya antes de las 00.00.

Cuando fue el turno de Jaume, él declaró que la tarde del 30 de noviembre de 2001 estuvo tomando cervezas con amigos en Barcelona. Jaume no se dio cuenta, pero desbarató la coartada de Xavi, así que, a la mañana siguiente, Jaume Sanllehí volvió a comisaría y dijo que se había confundido. La tarde del 30 de noviembre de 2001 la pasó con su amigo Xavi en la sede de la UES.

¿Alguna vez se investigó a los amigos de Jaume para averiguar si la primera declaración era cierta? Por supuesto que no, y de todo esto no se sacó nada en claro.

Tampoco se interrogó al presidente de la Sección de Naturaleza de la Unión Excursionista de Sabadell, Francesc Macià, quien, en opinión de Ana Echaguibel, era susceptible de ser investigado. Las veces que fue interrogado alegó falta de memoria, lo cual no contribuyó a avanzar en la investigación del caso.

Por último, en 2023, gracias a los avances tecnológicos, se investigó nuevamente la ropa de Helena para encontrar muestras de ADN de los acusados. Estas comparaciones dieron un resultado negativo.

Lo cierto es que, según Joan, el hermano de Helena, no se hicieron bien los análisis de laboratorio en el Instituto Toxicológico porque (según ellos) carecen de medios para hacerlo. Volvieron entonces a solicitar un nuevo análisis, esa vez en la Universidad de Santiago de Compostela. La prueba iba a ser con otros marcadores, buscando nuevos indicios. Total que, en vez de hacer esta segunda prueba, la Universidad de Santiago de Compostela se limitó a repetir la primera, siendo esta inconcluyente.

Benet Salellas, el abogado de la familia, pidió de manera particular unos análisis del papel de los anónimos originales. ¿Habéis visto el resultado? Yo tampoco. La jueza no ha solicitado un análisis de manera oficial hasta enero de 2024.

En definitiva, en el momento en el que estoy escribiendo este libro falta poco más de un año para que la causa contra los investigados también prescriba. Cuando eso pase, el asesino podría gritar a los cuatro vientos que fue él quien mató a una mujer inocente y no le pasaría nada.

Volvemos una vez más al principio: ¿por qué prescriben los casos? Y, concretamente en este, ¿por qué el juez denegó todas las pruebas, favoreciendo su cierre? ¿Qué sabía Muntsa Careta? ¿Era inocente? ¿Hay algo mucho mayor que se nos escapa?

Ojalá algún día lo sepamos.

REFLEXIONES
Y AGRADECIMIENTOS

A veces me pregunto si a lo que me dedico, narrar crímenes de los que nadie se acuerda y, por lo tanto, de víctimas olvidadas, me puede acarrear consecuencias. Honestamente, os diré que vivo en una completa inopia. Quizá tengo a un asesino en serie pisándome los talones y aún no me he dado cuenta. Pero, vaya, con lo torpe que soy dudo mucho que todavía no me haya atrapado.

Quizá, más que preguntarme si tengo un asesino imaginario persiguiéndome, lo conveniente sería preguntarme si duermo tranquila por las noches. He de confesaros que he cometido muchos errores y podría haberlo hecho mejor en otras muchas ocasiones, pero os aseguro, queridos lectores, que siempre que he nombrado a una víctima lo he hecho desde el máximo respeto, honrando su memoria y el legado que cada uno de nosotros dejamos a nuestro modo cuando nos vamos de este mundo.

Que todos la vamos a espichar en un momento u otro es una realidad como un templo (una verdad como un piano, como dice la reina). Y esto, amiguitos, sí es un tema que me preocupa. Ya que estoy aquí escribiendo, me tomo la libertad de contaros que, desgraciadamente, como muchísima gente hoy en día pasé por una depresión. Es algo que aún me cuesta explicar. No había ningún ápice de alegría y tampoco de esperanza.

Aunque de cara a la galería pudiera sonreír.

Mi mente y mi cuerpo se desdoblaron, cada uno iba por un lado. Evitaba mirarme en cualquier superficie donde me pudiera reflejar. No, bajo ningún concepto me quería ver.

Así que me negué... y, en consecuencia, ¿para qué ducharme? ¿Para qué peinarme? ¿Para qué demostrarme un mínimo de cariño a mí misma? Necesitaba ocupar mi mente con cosas estúpidas a todas horas. Era absolutamente necesario porque, si no lo hacía, aparecían esos pensamientos autodestructivos que me hundían un poquito más, si es que eso era posible. Y sí, muchas veces pensé en lo fácil que sería dejar de existir. Si no existo, no hay sufrimiento.

Toda esta gama terrible de pensamientos tan dolorosos hace que ahora, mientras escribo mi puto primer libro, me emocione. Doy gracias a la Martha del pasado por haber sido capaz de soportar aquello. Y no es que tenga la fórmula mágica para aguantarlo, sino que obtuve las fuerzas de quién sabe dónde para salir de ahí.

Los vídeos de YouTube, series y sobre todo el *true crime* primigenio que en aquellos años veía desde mi casa en Santa Coloma de Gramenet contribuyeron a salir de aquel pozo. Ahora sois vosotros los que me decís que mis vídeos o mis relatos os ayudan a sobrellevar una mala racha, o quizá una enfermedad. Y, de verdad, os entiendo tanto..., porque yo estuve ahí. De hecho, a veces sigo estando ahí. Y ahora se ha cerrado el círculo. Ahora soy yo la que os alivia la mente a vosotros, al menos por un ratito (seguro que esto es algún tipo de efecto mariposa y en otra dimensión ha causado una hecatombe).

Tuve también una ayuda extra, ya que cuando comencé a sentirme un poco mejor conocí al que actualmente es mi compañero de vida, Pedro, quien siempre me ha tendido la mano para ayudarme. Y creedme cuando os digo que hemos pasado por situaciones de mierda (y no, no siempre sales reforzado de una situación dura. Nunca creí en las frases de positivismo tóxico). Pero ahí seguimos, riéndonos de nuestras desgracias y queriéndonos mucho mejor que el primer día.

La cosa es que yo os contaba todo esto (que me ha quedado bastante ñoño, BTW) porque cuando lo conocí resultó que al señorito le apasionaban las historias sobre extraterrestres. Y ahí está el tío, absolutamente obsesionado con los casos de abducciones reales. En cambio, para mí, es un tema que me da un poco de yuyu, pero que me parece superinteresante porque quienes los estudian tienen las mismas ganas de investigar y de saber que yo. Ya lo dicen, ¿no? Siempre hay un roto para un descosido.

Así que, por lo que sea, si has acabado con este libro en las manos y no lo estás pasando bien, de verdad deseo que estas palabras te ayuden a tener un poquito de esperanza.

Y ojalá eso que ahora te duele por lo menos algún día duela menos.

En fin, que me estoy abriendo en canal contándoos todo esto a las 3.37 de la mañana (literalmente) para que conozcáis la historia de cómo acabé siendo la loca que cuenta casos criminales.

Gracias por leerme y espero que lo hayáis disfrutado.

Este libro se terminó de imprimir
en el mes de septiembre de 2024.